PSICOLOGÍA CUÁNTICA
Teoría y práctica

Autor: Adolfo Pérez Agustí

PSICOLOGÍA CUÁNTICA
Teoría y práctica

ediciones masters@gmail.com

"No hay enfermos mentales; solamente personas que piensan y se comportan de modo diferente"

El siglo XXI ha supuesto la ruptura de numerosos paradigmas en el mundo de la psicología, en especial a la aceptación de ideas, pensamientos y creencias reconocidas como verdaderas y que ahora se comprueban como equivocadas y plenamente inaceptables. No hay un solo principio psicológico que no pueda ser rebatido, ni procedimiento para solucionar los conflictos emocionales que no deseemos mejorar. Sin embargo, los estudiantes de psicología siguen prisioneros de las materias académicas que deben estudiar, y ello ocasiona licenciados que tratarán posteriormente a sus enfermos de forma equivocada.

La simple definición de lo que es "normal" es meterse en un terreno resbaladizo sobre el cual no podemos andar, del mismo modo que ocurre cuando hablamos de lo que es "lógico", de la "realidad" y lo que entendemos por "felicidad". El comportamiento de las personas siempre se enjuicia de modo subjetivo, visto desde el punto de vista del sujeto que observa, y por tanto influido por los intereses y deseos particulares del mismo. Cuando quien observa es un profesional, el condicionamiento de sus estudios académicos es muy intenso, tanto como el deseo de lograr buenos resultados con su cliente. No puede, por tanto, ser objetivo.

La psicología cuántica ha venido a proporcionar las respuestas de forma colectiva en primer lugar y luego individual, pero basándose más en la energía cuántica como elemento que forma los pensamientos y las emociones, que en la equivocada idea de que los sentimientos se forman en el cerebro.

Ahora es más fácil entender que nuestra mente es la consecuencia de la existencia de dos elementos bien definidos, como son las sensaciones y los sentimientos, y ambos son percibidos mediante un principio cuántico que conecta nuestro organismo físico con el exterior, generándose una energía vibratoria que nos acompañará toda nuestra existencia presente y futura. En esta conexión hay tal magnitud de información y tanta diversidad, que hace imposible que existan dos formas de pensar y sentir iguales, por lo que resulta improcedente definir el comportamiento de las personas mediante un esquema previo y generalizado.

Aunque aparentemente las conclusiones de la psicología cuántica parezcan que confunden en lugar de clarificar, sus postulados simplifican el mundo de la psicología y lo hacen más asequible para los profesionales, y más prácticos para el paciente. El único requisito es que ambos deben revisar sus viejas creencias y estar preparados para descubrir el apasionante mundo de la energía cuántica.

CAPÍTULO UNO

¿Qué es la psicología cuántica?

No hay nada en mi interior que no sea igual a lo que veo desde mi ventana.

Basada en la física cuántica, también conocida como mecánica ondulatoria, la psicología cuántica nos habla del comportamiento de los seres vivos, del ser humano en especial, y su interconexión con el universo. La materia es vista como una manifestación de la energía universal, del mismo modo que lo son el pensamiento, las emociones y las sensaciones, la trilogía que configura la personalidad.

La psicología cuántica no habla de trastornos psicológicos, sino de características del campo energético que llevan a las personas a comportarse de modo diferente a lo habitual, pero que son solamente intentos del organismo por reajustarse. Toda tentativa para encauzar los pensamientos y las actitudes no debería ir dirigida a conseguir que la persona se integre en la sociedad, sino solamente a lograr su plenitud.

Aunque contempla la probabilidad de que un comportamiento dado desencadene una serie de acontecimientos, no establece cuándo ocurrirán y ni siquiera si ocurrirán. Al no existir comportamientos predecibles en las conductas humanas, sino **probabilidades de que ocurran**, los podremos cambiar. Cualquier suceso, por muy irreal que parezca, posee la incertidumbre del resultado, como el hecho de que al tirarnos desde una gran altura no nos hagamos daño. Aunque la probabilidad de que esto sucediese sería infinitamente pequeña, podría ocurrir perfectamente. De hecho, ha ocurrido y si ocurrió una vez, puede reproducirse. Si creemos que puede ocurrir, podrá ocurrir. Un esquizofrénico crónico, por poner otro ejemplo, tendría las mismas posibilidades de curarse que de no curarse, por lo que definir una enfermedad como crónica sería incorrecto. Las estadísticas médicas que hablan de enfermos crónicos que necesitan medicación durante muchos años, o quizá el resto de sus vidas, están condicionadas por el deseo y el convencimiento de que así será. Puesto que no hay resultado final óptimo previsto, **el enfermo asume también el pesimismo del médico**. Ambos se olvidan de que en el principio cuántico solamente se contempla el equilibrio, no la enfermedad, siendo la curación más factible si médico y enfermo están convencidos del buen resultado.

Una vez que se comprobó la existencia del átomo, y que la radiación electromagnética es absorbida y emitida por la materia en forma de *cuantos* (quantum), se estableció que el principio de incertidumbre (relación de indeterminación de Heisenberg) hace que cuando observamos un experimento no podamos determinar su resultado por el simple hecho de observarlo. Es más, el observador, a su vez, altera el experimento. **Si el psicólogo espera un resultado predecible en su paciente, alterará el ajuste cuántico**, fenómeno que desencadenará una falta de armonía entre el campo energético del enfermo y del médico.
Así que, en concreto, y como todo en el universo tiende a algo, las posibilidades para que se produzca algo no depende tanto de lo observado, como del observador. Esto significa que el observador altera lo observado por el mero hecho de su expectación, lo cual socava el supuesto clásico de llegar a la realidad objetiva. El terapeuta, insisto, alterará el resultado de la terapia simplemente por el hecho de estar presente, impidiendo que la energía cuántica "decida" si se manifiesta como onda (pensamiento) o como partícula (acción). Los experimentos científicos, por tanto, también quedarían alterados en su objetividad simplemente al ser observados. Además, el punto de vista del psicológico observador, en cuanto al resultado que desearía ver, condiciona igualmente el resultado final. La conclusión a este hecho, es que **si pensamos que el problema**

tiene solución probablemente la tendrá; pero en caso contrario, si la experiencia nos dice que no hay solución, el resultado irá en este sentido.

La teoría de la relatividad en sí misma, aunque tiene conclusiones importantes en la manera de observar una parte de los fenómenos físicos, no ha aportado nada para lograr una nueva visión mundial, al no tener ninguna aplicación virtual en nuestra vida diaria. Así, aunque cualquier estudiante sabe que el espacio está curvo y el tiempo es simplemente una medida creada por el hombre, no pasa de ser una ilusión más, sin utilidad para aplicarla en el pensamiento humano.
La física cuántica es diferente al introducirnos y describir un micromundo dentro de los átomos, una explicación al funcionamiento interno y de todo lo que vemos y percibimos. Cualquier materia, incluyendo nuestros propios cuerpos, está compuesta de átomos y sus componentes más pequeños las partículas, y las leyes que gobiernan estos elementos tan pequeños nos ayudan en nuestra vida diaria. Es probable que el principio de incertidumbre que gobierna la conducta de los electrones ocasione los accidentes genéticos, contribuyendo al proceso de envejecimiento y permitiendo la evolución del cáncer.

Los experimentos de Schröedinger en 1935 para poner de manifiesto el indeterminismo cuántico, utilizando un gato atrapado en un hábitat cerrado, y los que se realizaron en el campo de las partículas elementales -aquellos elementos que no tienen estructura interna ni pueden ser divididos en otras partículas-, han llevado a los científicos a reconocer que **la mente es capaz de crear hechos físicos medibles**, y que el comportamiento de las micropartículas que están a nuestro alrededor cambia dependiendo de lo que piensa el observador. Según Amit Goswani, *cuando el observador mira, se comporta como una onda, cuando no lo hace, como una partícula*, lo que quiere decir que las expectativas del observador influyen en los experimentos de los laboratorios; pero también nos dice que cada uno de nosotros estamos influyendo en el entorno y en otras personas… simplemente con el pensamiento. Esto explicaría un hecho habitual y es el referido a las experiencias esotéricas realizadas delante de personas escépticas. Nunca dan resultado, ya que la mente de esos observadores ha interferido en el buen resultado del experimento. No quieren que nada bueno ocurra. Del mismo modo, los experimentos médicos, en los cuales se compara el efecto placebo con el proporcionado por el medicamento, están viciados en su propósito puesto que el observador quiere que el medicamento se muestre muy superior al placebo.

Esto nos lleva a otra cuestión, y es la referida a que muchos pensamientos en una sola dirección pueden ser interferidos por unos pocos pensamientos, e incluso por uno solo. Del mismo modo que una cuerda de guitarra desafinada altera el resultado del conjunto, los obstáculos mentales pueden bloquear y alterar un conjunto armónico. Sería como una gran red eléctrica en la cual existe una minúscula interrupción en un tramo: todo se interrumpe.

Llegamos a la conclusión de que Nuestra Realidad es, hasta cierto punto, producto de nuestras propias expectativas. **Tenemos lo que hemos deseado** y nuestros deseos nos llevan a la acción. Si una partícula puede comportarse como materia (acción) o como onda (deseo)… nosotros podemos hacer lo mismo. **Todo cuanto somos y hacemos es la consecuencia de nuestros pensamientos** y estos son modificables.

CAPÍTULO DOS

La realidad

La realidad pasa cuando nosotros la vemos.

Nuestro modelo de conocimiento está caracterizado por el predominio de la racionalidad occidental, tangible, rígida, soberbia, discriminadora, que rechaza lo que no es demostrable científicamente y termina ignorando y negando la existencia de lo que rechazó porque no se ajustaba al esquema o no lo entiende. Se centra en los valores intelectuales, más bien culturales, y olvida el mundo sensible, perdiendo, de este modo, una importante fuente de conocimiento: aquello que no tiene rendimiento económico. Según su paradigma, lo bueno, valioso y digno de conservar es sólo aquello que entra dentro de su perspectiva racional. Este modelo vive, permanentemente, en el dogmatismo y la soberbia, debido a la creencia en que ha llegado a "la verdad" cada vez que alcanza un pequeño conocimiento que años después será rebatido sin piedad.

Como consecuencia de todo ello se generan reflexiones y teorías que son admitidas como válidas por el simple hecho de plantearse, enmarcando y limitando el campo de observación de lo real, pues **cuanto más pequeño es lo que estudiemos menos posibilidades habrá de equivocarse**. Un ejemplo de ello es el científico Stephen Hawking, quien ha conseguido convertirse en el mayor sabio de nuestra época con su teoría "Historia del Tiempo: del bing bang a los agujeros negros" (1988). Esta teoría imposible de ser comprobada es, no obstante, el punto de partida para la comunidad científica, lo mismo que su especulación sobre que el universo no ha sido creado por Dios.
Este hombre, así como el resto de los científicos, sólo aceptan aquello que es demostrable a partir de una experiencia de

"laboratorio", donde la hipótesis es confirmada como cierta porque las condiciones que crea son las idóneas para corroborar positivamente sus premisas. Pero **la mente, la conciencia y el alma son elementos imposibles de analizar en un laboratorio**, aunque algunos ilusos hayan pretendido "verlas" con marcadores electrónicos, escáneres, estudiando la química orgánica o midiendo los impulsos eléctricos. Aun así, hay muchas personas aparentemente inteligentes que se creen que han podido ver y controlar los pensamientos. Cuando piden que alguien piense le señalan el cráneo, convencidos de que allí están los pensamientos; por eso luego elaboran medicamentos que modifican la química cerebral, en un vano intento de lograr que pensemos y sintamos de modo diferente.

Insistiendo en ello, en las últimas décadas los experimentos en el campo de la neurología han ido encaminados a encontrar dónde reside la conciencia o al menos en manos de quién o qué está. Pero **por mucho que diseccionemos un cerebro, nada hay allí que nos indique un lugar determinado para los pensamientos**, aunque cuando la estructura orgánica está dañada observamos que se alteran las emociones, los recuerdos y las respuestas, quizá porque los datos se interrumpen en dirección al complejo mundo celular.

Dentro de lo poco que sabemos de neurología, es que a cada segundo nos llegan enormes cantidades de información y el cerebro sólo procesa una mínima cantidad de ella; "apenas" 400 mil millones de bits de información por segundo, aunque solamente somos conscientes de 2.000 de esos bits, referidos al medio ambiente, el tiempo y nuestro cuerpo. Así pues, lo que consideramos como la "realidad", es decir, aquello que vivimos, es sólo una mínima parte de lo que en realidad está ocurriendo. ¿Cómo llega toda esta información y qué lugar ocupan todos los millones de datos que no percibimos? Lo único que sabemos es que los recuerdos llegan a la mente racional de manera más eficaz que las experiencias físicas, y que solemos caer con demasiada frecuencia en los mismos errores por no conseguir tener en cuenta las nuevas sensaciones corporales. **Creemos que los que nos dolió ayer, hoy también nos dolerá**; lo que nos produjo placer antes, ahora también lo producirá.

Realmente, el acuerdo general entre los físicos cuánticos ha sido reconocer que no podían explicar qué es el mundo real, así que preferían seguir haciendo ecuaciones para prever resultados. Nada en la materia puede declararse existente en un cierto lugar y todo flota en un mar de posibilidades. Sin embargo, hay un mundo real donde las "cosas" existen, por ejemplo: las sillas son cuerpos sólidos e identificables en que podemos sentarnos los humanos.

Algunos teóricos, en especial Niels Bohr y Eisenberg, defienden que la realidad fundamental en sí misma es esencialmente incierta, que no hay nada que esté claro y fijo en nuestra existencia diaria. Toda la realidad es y continúa siendo, un asunto de probabilidades. Si se dan ciertas condiciones, sucederá lo que estaba previsto o deseamos; pero puesto que la realidad depende de que exista un observador, deberemos plantearnos quién es realmente el pensador y el observador del mundo exterior.

La realidad está en las partículas

No hay nada lógico, normal o auténtico en el comportamiento humano, pues todo depende del observador.

Más allá de nuestra percepción física existe un mundo en el cual no hay nada real. Por eso cada uno de nosotros ve y siente su entorno de modo diferente. No hay una realidad que deba ser asumida por todos, puesto que el concepto de "realidad" está sujeto al punto de vista de cada observador. Si miramos una montaña desde las alturas nos parecerá pequeña y sin vida; si lo hacemos desde el pie la observaremos grandiosa; si desde la cumbre la percibiremos muy alta; y si es de noche aterradora. Si excavamos en ella, numerosas pequeñas criaturas saldrán al exterior y si hace frío un manto de nieve la hará parecer de color blanco, aunque su verdadero color estará oculto un poco más abajo. Para el ser humano escalar una alta montaña supone un reto, pero un animal solamente lo hará si necesita huir o ir en busca de comida. La belleza de una montaña nos inspirará, pero un derrumbe la hará maldita si aplasta a varias personas. También podrá albergar a dios o será la morada del demonio, según nuestras creencias, pudiendo constituir en ambos casos un mito difícil de concretar. Todo es según el punto de vista desde el cual contemplemos esa montaña que tan "real" nos parecía a nuestros ojos.

Así que no hay una realidad que deba ser asumida por todos, existiendo solamente la realidad que percibimos cada uno; por eso es difícil dar normas universales que sirvan para todos.

Un hecho curioso fue el experimento que realizó el científico japonés Masaru Emoto con las moléculas de agua, las cuales eran influidas simplemente por diferentes pensamientos, experimento que ha abierto un nuevo debate sobre la posibilidad de que nuestra mente sea capaz de crear la Realidad. Si el amor generaba belleza en los cristales del agua, y caos cuando se empleaba el odio, debemos admitir que eso mismo se puede generar en los seres humanos. Simplemente estamos hablando del pensamiento, algo que nadie creía hasta ahora que pudiera conformar nuestra realidad física. ¿Cómo puede influir físicamente algo que no se puede medir? La respuesta es tan obvia que se nos antoja pueril: **si un pensamiento desacertado es capaz de hacernos enfermar físicamente ¿por qué no puede traspasar las fronteras de nuestro cuerpo e influir en otros organismos?**

En el curioso experimento de Emoto se vio también el efecto de paz que causaba en las moléculas de agua la música clásica, mientras que con el rock duro las moléculas se volvían inestables. Quizá esto es ahora más fácil de entender, ya que estamos hablando simplemente de energía vibratoria, capaz de traspasar lo que denominamos como objetos sólidos.

La explicación biológica a estos fenómenos que simplemente se logran con el pensamiento, es que los átomos que componen las moléculas (en este caso, los dos pequeños de hidrógeno y uno grande de oxígeno) se pueden ordenar de diferentes maneras: armoniosa o caóticamente (o desarmónicamente). Si tenemos en cuenta que el 80% de nuestro cuerpo es agua, un elemento estable similar al que puebla los mares e igual al que existe en el planeta desde sus orígenes, entenderemos cómo nuestras emociones, nuestras palabras y hasta la música que escuchamos, influyen en que nuestra realidad sea más o menos armoniosa. Y puesto que toda molécula posee su propia inteligencia, su propia vibración, cuando dos moléculas iguales se encuentran próximas se establece un intento de acercamiento energético, un deseo de intercambiar información. Si el agua lo puede hacer, si nosotros podemos cambiar nuestra realidad con el pensamiento ¿podremos cambiar la de otros? ¿Y ellos nuestro destino? La conclusión es que **todas las partículas que forman parte de la vida misma quedan influidas por la armonía o el caos de los pensamientos de todos nosotros.**

En nuestras predicciones de los fenómenos físicos e incluso en las que se hacen de los acontecimientos futuros de las personas, deberíamos tener en cuenta la posibilidad de que ocurran dos fenómenos distintos. El primero sería el que desencadenaríamos nosotros, el fenómeno en sí mismo, mientras que el otro dependería del observador o los observadores. Por eso es difícil reconocer como acertado el método científico para validar los experimentos, basado en la creencia de que los hechos puedan ser reproducidos tantas veces como se necesite y que deben producir siempre los mismos resultados. Esto no es posible, así que tendríamos que validar aquel resultado que se dio una primera vez, pues indica que **si pudo ser, podrá volver a ser**.

La materia y el pensamiento siempre tienen una "tendencia a existir", al tratarse de un paquete de ondas de probabilidades que se manifestarán en cualquier dirección, pero que también puede hacerlo en dos lugares al mismo tiempo, una bilocación. La teoría de los universos paralelos, origen de la "superposición cuántica", nos dice que la Realidad es un número indeterminado de ondas que conviven en el espacio-tiempo como posibilidades, hasta que una se convierte en Real: eso será lo que vivimos. Somos nosotros quienes nos encerramos, con nuestras elecciones y, sobre todo, con nuestros pensamientos ("sí puedo", "no puedo") en una realidad limitada y negativa, o en la consecución de aquellas cosas que soñamos. En otras palabras, la física moderna nos dice que podemos alcanzar todo aquello que ansiamos, dentro de un abanico de posibilidades (ondas). La popular Ley de la Atracción no es sino una explicación metafísica de una ley cuántica, lo que la convierte casi en una ciencia. **Somos lo que pensamos, y seremos lo que deseamos.** El problema es que la mayoría de las personas "realistas", solamente piensan en lo que <u>no</u> van a poder ser.

Todas estas cuestiones han sido analizadas repetidas veces por la psicología cuántica, una materia antigua que se lleva aplicando desde tiempos inmemoriales, aunque sin que recibiera esta denominación. Ejemplo de ello son las plegarias, en donde la petición a Dios o al destino era efectuada por los esenios (santos de origen judío) simplemente visualizando mentalmente que aquello que pedían ya se había cumplido, una técnica que nos recuerda el poder de la mente para realizar nuestros deseos. No menos significativo es que cuando un deportista practica ejercicios de entrenamiento, o un artista marcial efectúa simuladamente una técnica de defensa y ataque, realmente están visualizando su éxito en una circunstancia real. Su mente queda programada para un hecho futuro. Del mismo modo, el simple hecho de mirarnos repetidamente en el espejo para reafirmar nuestros deseos, traerá probablemente el triunfo. Los más firmes defensores del poder de la visualización llegan a proponer que se puede obtener a través de ella casi todo lo que deseamos.

La palabra sería un paso más adelante en la creación de la realidad. Proviene del pensamiento, de nuestras sensaciones corporales, de nuestro momento presente, del pasado y experiencia. Aunque se expresan de modo irreflexivo numerosas veces, realmente nos dicen cosas que ni siquiera sabíamos que estaban en nuestra mente. Por ello, podemos atraer mediante ellas tanto las desgracias como la dicha. Que queramos maldecir, orar, implorar o pedir, es también un modo de configurar nuestro destino.   En este aspecto, la física cuántica nos demuestra que **las vibraciones de las palabras y de nuestro pensamiento se integran del mismo modo en el mundo que percibimos como real**.

Aunque no podemos crear universos ajenos, sí podemos influir en ellos si al mismo tiempo transformamos el pensamiento por acción. Rezar por el bien de alguien o efectuar el sortilegio conocido como "mal de ojo", son dos ejemplos en los cuales se contempla la posibilidad de influir en el destino ajeno mediante la unión del deseo (onda) y la acción (materia). No obstante, cuando nuestro presente cambia lo hace solamente la forma externa del universo de quienes nos rodean, pero no su pensamiento. De eso saben mucho quienes han disfrutado de un cambio espiritual en sus vidas, un salto cuántico en sus pensamientos, y se dan cuenta que quienes le rodean, incluso su pareja, no han entrado en esa dinámica. Del mismo modo que no podemos asimilar la inteligencia o las habilidades de los demás, nadie nos puede transformar nuestra consciencia.

Realidad cuántica

No somos como queremos ser, sino como realmente somos.

Si evaluamos la consciencia como un órgano central podemos pensar que el universo se comporta como un elemento vital, tal y como muy acertadamente especuló James E. Lovelock cuando nos habló del planeta Tierra como un ser vivo, con esencia vital y conciencia. El universo completo podríamos imaginarlo entonces como una gigantesca mente cuántica expandiéndose permanentemente dentro de una matriz energética consciente. Si

Max Planck (quien estableció que la energía se radia en unidades pequeñas denominadas cuantos) declaró que *detrás de la realidad física debe estar una mente consciente que le permita existir*, detrás de este gigantesco universo debe haber también una gigantesca mente consciente que le dé vida y le permita existir materialmente.

Podemos afirmar entonces que nuestro cuerpo contiene un patrón de energía que trasciende la simple energía física, y que sería la energía consciente. Si la visión e incluso la visualización, son una propiedad de la conciencia, entonces la conciencia crearía lo que estamos observando y seremos partícipes de un mundo cuántico que cambia de estado de acuerdo a los observadores y los participantes de la realidad. Esto puede simplificarse asegurando que **cada individuo recibe la información que puede entender**, de acuerdo con su nivel de comprensión y asimilación consciente.

Para los biólogos que miran los objetos a través de un microscopio, el pan es un conjunto de moléculas que albergan nutrientes, sin más connotaciones. Sin embargo, para los cristianos, después de que Jesús lo bendijera, representa el cuerpo de Jesús y por tanto contiene su esencia. Parece obvio que ahora que conocemos bastante de la física cuántica, dentro de este marco la "esencia" del pan puede ser algo, o nada, dependiendo de quién lo come o lo bendice. Si desviamos nuestro interés por este acto cristiano solemne, el pan como alimento no parece contener un "alma", pero si nos burlamos del posible cambio que se establece con la bendición efectuada por un sacerdote, deberíamos descartar totalmente la influencia de la intención y el pensamiento en nuestros actos. Del mismo modo que un científico condiciona el experimento con su deseo de conseguir un resultado, la bendición del pan tiene que producir un cambio medible en sus moléculas.

Un error frecuente en quienes rechazan los fenómenos metafísicos, es que mediante la mente, la razón y el pensamiento tienden a tratar el mundo como si fuera real, y después separan y manipulan lo mental de lo físico. Están convencidos de que son dos materias diferentes y casi nunca cuestionan la existencia de esta dualidad. Cuando hablan de realidad no se refieren nunca al pensamiento, y tercamente insisten en que la causa estriba en que una es palpable y la otra no, algo que está para siempre separado y aparte.

Tendemos a creer que lo de ahora es porque antes fue, y así nos resulta muy difícil admitir la tendencia cósmica al cambio continuado, imparable. Si decimos "yo veo" estamos cometiendo un error y deberíamos decir "he visto", ya que el tiempo siempre transcurre entre el impacto de la energía lumínica que entra por los ojos y la creación de la imagen en el cerebro. Entre ambos fenómenos hay un espacio de tiempo que no es tenido en cuenta, y durante ello hemos seguido recibiendo nueva información que debe ser procesada. Además, el cerebro no efectúa la evaluación de la información y solamente la procesa sin añadir nuevos datos. Nuestros cinco sentidos son quienes establecen la utilidad de los datos, pero pueden confundir fácilmente un plátano con un puñal, si esto es lo que esperamos ver.

El lugar de los pensamientos

Los científicos han tratado de encontrar quién o qué es el observador de la realidad, el lugar donde se forman los pensamientos, pero ni el más experto patólogo lo ha conseguido detectar. Solamente encuentran neuronas, vasos sanguíneos y tejidos muy diversos, pero nada que recuerde a una mente pensante. Aunque **no hay ningún elemento pensante dentro del cerebro**, nada ni nadie en las regiones corticales del cerebro, todos tenemos la sensación de que somos simples observadores de la vida, incluso aunque estemos ciegos. Presentimos nuestro papel como observadores, pero no sabemos qué es o quién es.

Así que el control de nuestros pensamientos no puede estar ahí, en la mente o cerebro, y más bien habría que encontrarlo en los millones de células distribuidas por todo el cuerpo humano, cada una capaz de almacenar millones de datos cada segundo de nuestra vida y seguir almacenando la información que nos llega en cada inspiración. **Todo cuerpo humano es en realidad una fuente de energía que recibe y transmite información** en busca de su utilidad en el universo. Cuando Jesús dijo aquello de "Dios está en nosotros", realmente estaba hablando ya de física cuántica, refiriéndose a que todos los seres vivos formamos parte indisoluble de un todo, de una consciencia.

Indudablemente hay reacciones químicas en nuestras emociones y en las sensaciones corporales, y también energía en los procesos mentales, pero son la consecuencia y no la causa. Por ello, utilizar productos químicos para frenar, estimular o sedar nuestras emociones, conduce siempre a la anulación del equilibrio energético y el bloqueo del cuerpo humano para autojustarse. Finalmente, la enfermedad encontrará un nuevo camino para desarrollarse.

Experiencias místicas

Una vez que la Humanidad comenzó a apartarse de las religiones, se encontró con un vacío espiritual y de consciencia que le dejó desvalido.

Seguramente se dará cuenta de que hay cuestiones en su vida que parecen "reales" y que no admiten matices –una silla, por ejemplo-, mientras otras están sujetas a los criterios personales de cada cual –Dios no existe-. Aún así, lo real es solamente una impresión del observador, no algo incuestionable.

Nosotros podemos discutir todas las cuestiones metafísicas, especialmente aquellas que mencionan la teología, pero no debemos olvidar que la existencia misma no se puede explicar con la ayuda de la ciencia. Se puede elucubrar sobre la creación del universo y hasta del momento, pero nadie nos puede explicar el porqué de la creación sin mencionar a Dios.

La vida "real" y cotidiana es como una cárcel, y como prisión no nos queda más remedio que vivir de acuerdo con unos hábitos, una rutina y unos códigos que nos parecen todos muy naturales. El problema surge cuando intentamos librarnos de este encadenamiento y buscamos explicar porqué existe lo que existe. Si pudiéramos encontrar la respuesta, experimentaríamos probablemente un fenómeno extraordinario. Algunos grandes místicos parecen que estuvieron a un paso de ser iluminados (¿por quién?), mientras que estudiosos como el psicólogo Abraham Maslow, un pionero en el estudio de los aspectos positivos de la personalidad, explicaba estas vivencias de este modo:

"Aquellos momentos eran instantes de pura felicidad, momentos en que las dudas, los miedos, las inhibiciones, las tensiones y las debilidades se sumían en el olvido. La conciencia de sí mismo dejaba de existir. Cuanto nos separaba de ella y nos alejaba del universo se había desvanecido..."

Aunque estas experiencias sean escasas (por eso Maslow las llamó "experiencias extremas"), y muy breves (sólo duran unos días o unas horas), poseen un poder de curación y proyección duraderos. Maslow nos cuenta que dos de sus pacientes, un depresivo crónico que siempre pensaba en el suicidio, y otro que sufría graves crisis de angustia, se curaron, inmediatamente y de manera duradera, tras haber vivido una experiencia como la que él mismo describe. (En ambos casos, sólo vivieron esa experiencia una vez.) El propio autor de este libro vivió una experiencia similar durante los 4 días que pasó en La Felguera, una pequeña ciudad de Asturias (España). No fue una experiencia buscada, pero algo místico ocurrió allí que le hizo vivir sensaciones hasta entonces desconocidas y que le recondujeron su forma de pensar de un modo perenne.

Maslow explica también de qué manera esas personas se reconciliaron con la vida al experimentar esos instantes de iluminación: *Sintieron que formaban un ser único con el universo, que se fundían en él, que le pertenecían enteramente en lugar de ser meros espectadores.* (Por ejemplo, uno de los pacientes dijo: "Sentí que formaba parte de una gran familia y que ya no era huérfano.")

Ahora las personas tienden a interesarse más por los metafísicos que por los religiosos, y los maestros ascendidos, entre los cuales destaca Saint Germain (quien escribió el Sagrado Libro del Yo Soy) pueden dedicarse a labores lucrativas, ser populares y no se le exige dedicación hacia los demás. Al contrario que al religioso, a quien no se le perdona que sea rico o que tenga una vida social como los demás, al metafísico no se le exige lo mismo. Además, al no criticar ninguna opción religiosa ni filosófica, sino que las incorpora a todas en sus conclusiones, no tiene enemigos ni detractores. Ellos son los encargados de divulgar lo que ahora conocemos como "fenómenos cuánticos", y que como **cualquier revelación repentina de una realidad más honda libera una gran cantidad de energía.** Una sola experiencia de esta índole hace que la vida sea innegablemente más interesante. Quizá no más feliz en el sentido de alegría, pero sí más plena. Las personas que se han transformado tan bruscamente sienten que esta energía se sale de la experiencia ordinaria, aunque en realidad no se trata ni de energía ni de fuerza, ni de ingenio, ni de conocimiento. Va mucho más allá. Se trata del entendimiento sobre el poder de la vida en su forma más pura, de trascender la vida normal.

Los religiosos siempre nos han dicho que estamos hechos a imagen y semejanza de Dios, pero no es cierto: hemos hecho a Dios a imagen y semejanza nuestra. Ese Dios que hemos creado es sabio como Einstein, justo como Salomón, premia y castiga como cualquier juez, poderoso como un emperador, tiene más legiones que un ejército, y hasta le hemos dotado de la apariencia de un anciano de larga barba. Demasiado humano.
La cuestión es que las experiencias místicas siempre han estado ligadas a la religión y a visiones de lo sobrenatural, y esto ha motivado la indiferencia y la burla de los científicos hacia este tipo de experiencias, considerando que son absurdas y el

resultado probable de fenómenos alucinógenos, tal vez histéricos, y, en todo caso patológicos. Sin embargo, para las personas que las han vivido no hay nada religioso en ello, ni estaban enfermas de la mente. Incluso me atrevería a considerarlas mucho más sanas que las demás, salvo que consideremos la percepción extrasensorial como una enfermedad.

Nuestro estado de conciencia habitual, lo que llamamos conciencia racional, sólo es una forma más de conciencia, un estado muy básico. A su alrededor, separadas únicamente por una pantalla frágil, existen otras formas potenciales de conciencia muy diferentes. Podemos ir por la vida sin sospechar de su existencia; pero basta con saber estimularlas, y en un instante se presentan ante nosotros en toda su plenitud. Usted elige.

Afortunadamente ahora podemos explicar mejor estos estados de conciencia desde que sabemos el comportamiento de las partículas en el universo cuántico y su integración en el cosmos mediante la consciencia universal. El cuerpo cuántico, la consciencia que nos mantiene ligados al universo, no está separado de nosotros, es nosotros; pero sencillamente no somos conscientes de ello, al menos de momento. Y aquí estamos todos, pensando, leyendo, hablando, respirando, digiriendo, etc., realizando acciones de todo tipo, mientras todo a nuestro alrededor nos involucra y nos mantiene unidos con el todo.

Cuestión de percepción

Es como si viéramos una sombra de las cosas, sin ver las cosas mismas; estas sombras son una representación de la realidad, pero no la realidad misma.

Si de hecho nos rodea una realidad tan amplia, ¿por qué no podemos tocarla? ¿Por qué no podemos percibirla con facilidad? Las experiencias realizadas con gatos ciegos han demostrado que tanto la naturaleza como la educación son esenciales. La vista está programada en el cerebro del gato, pero tiene que estar viendo para que el proceso se desarrolle con normalidad.

Este proceso de no percibir la realidad aun cuando esté visible, nos demuestra que nuestros cerebros están limitados y que muchos elementos exteriores no existen para nosotros, no porque sean irreales, sino porque en el interior no hemos preparado el cerebro para percibirlos. "Ahora es cuando veo la realidad" es una frase habitual en las personas.

Recuerden que las tres carabelas de Colón no fueron vistas a su llegada, porque nadie había previsto que existieran. De ser percibidas, seguramente las confundieron como formaciones nubosas. El resto de los humanos no hemos superado esa traba de los nativos americanos, y aunque tenemos todos los canales de recepción necesarios, sólo utilizamos tres, es decir, el estado de vigilia, el sueño y la imaginación.

Ya que el cerebro es el único aparato sintonizador de que disponemos, no tenemos otro medio a nuestro alcance para saber si existe un cuarto estado, aunque un sistema nervioso preparado para ello podría lograrlo. Es muy posible que estemos, literalmente, bañados y rodeados por todo lo trascendente, pero que aún no hayamos sintonizado con su frecuencia. La opinión que prevalece es que la mente ha de rechazar cualquier actividad si desea alcanzar el silencio, entendiendo como tal lo que los grandes místicos llamaron "iluminación".

Imaginación y realidad

La imaginación es más importante que el saber.

Los experimentos en neurología han comprobado algo difícil de explicar: cuando vemos un determinado objeto aparece actividad en ciertas partes de nuestro cerebro… pero cuando se pide al sujeto que cierre los ojos y lo imagine, la actividad cerebral es idéntica. Entonces, si el cerebro refleja la misma actividad cuando ve que cuando recuerda, ¿cuál es la Realidad? Ambas parecen tener el mismo significado, posiblemente porque **el cerebro no hace diferencias entre lo que ve y lo que imagina** gracias a que están involucradas las mismas redes neuronales. Así que si para la mente es tan real lo que ve como lo que siente, la conclusión es que **cada uno fabricamos nuestra realidad** a partir de la forma en que procesamos nuestras experiencias, es decir, mediante nuestras emociones. El resultado final es el pensamiento, una forma de manifestación de la energía que es posible manipular, mejorar o enturbiar. La realidad, pues, será distinta entre un individuo y otro. Sin embargo, al pertenecer el pensamiento y el cuerpo físico al mismo organismo, ambos recibiendo la misma información, se establece con frecuencia una confrontación cuántica que lleva al desequilibrio energético y su consecuencia la enfermedad.

Por eso no hay modo de poder definir el concepto de realidad, pues todo es subjetivo. Si miramos el sol nuestros sentidos nos dirían que sale por la mañana y se oculta por la noche; pero la mente cultivada dice que nada se oculta ni sale. Si miramos al mar en la lejanía lo veremos tranquilo y sin la compleja vida interior. Una vez en alta mar, las olas embravecidas nos mostrarán otra realidad.

Si observamos un árbol desde diferentes puntos de vista –lejos, cerca, arriba, abajo-, lo que veremos será diferente y así lo valoraremos. De mismo modo, **a las personas que conocemos solamente la valoramos desde nuestro punto de vista**, por eso cuando somos juzgados por otros la apreciación cambia. Si cambiamos nuestra impresión real sobre el individuo que tenemos delante (por ejemplo: varón, 30 años…) y nos dejamos llevar simplemente por la palabra (a través de una grabadora), el enjuiciamiento cambia.

Hay una posibilidad de que la conciencia, así como la materia, surjan del mundo de los acontecimientos cuánticos y que ambos, aunque completamente diferentes uno del otro, tengan un origen común en la realidad cuántica. Si esto es así, nuestros pensamientos y, más aun, nuestra relación con nosotros mismos, con los otros y con el mundo en conjunto, podrán ser explicados por las mismas leyes que gobiernan el mundo de los átomos. Un lector suspicaz quizá pensará que estamos pidiendo a nuestros psicólogos que miren más el mundo microscópico que a los seres humanos, y quizá sea así, pues el observador del micromundo suele ser más objetivo que quien está dentro del mundo que está observando. ¿Quién comprende mejor la razón del universo? ¿El astrónomo o el filósofo?

Parece ser que hay cosas mucho más complejas de lo que perciben nuestros limitados sentidos físicos, y aunque en el mundo material las cosas están separadas espacialmente y percibimos su solidez, los sabios e iluminados de la antigüedad ya se adelantaron a los físicos modernos cuando decían que *"la realidad es pura ilusión"* y la lógica humana no sirve. Si los objetos materiales no poseen las características que creemos, ¿qué grado de realidad tiene el mundo en el que vivimos?

El método científico establece una única perspectiva, la que nace a partir de "lo real", de lo cuantificable, de lo tangible, de lo contrastable. Para ello necesita de un código y un consenso entre sus expertos: no hay una sola opinión que valga, salvo que sea admitida por una gran mayoría. El error es que se termina admitiendo una única perspectiva, una única expresión en ocasiones teórica, una aceptación a los hechos relatados por otros y finalmente un sometimiento universal al fenómeno aparentemente comprobado. Se habla entonces de hecho real, de racionalidad, de la "verdad"; pero lo que vemos es que la ciencia ha hecho tal reajuste de la realidad, en su intento de explicarla, que el resultado es una larga serie de errores no cuestionables por sus seguidores.

Lo que denominan "lo real" parecen ser solamente las formas percibidas por nuestros sentidos, algo que nuestra mente (la misma que no diferencia entre lo real y lo imaginado) interpreta a través de que ella desea creer. La mente, por tanto, crea la realidad. Sin embargo, lo importante es aceptar que con toda probabilidad estamos equivocados, que **debemos hablar más**

de la conciencia de ser que del conocimiento de la realidad, de lo tangible. Hay que llevar a nuestra mente más allá de las estrellas –y ahora hablo en sentido figurado-, y no conformarse con las explicaciones que dan los científicos a las interrogantes del ser humano, quienes, ignorando aún las dimensiones del universo, pretenden darnos todas las respuestas.

Elije tu realidad

Quien mira el paisaje se dará cuenta que es imposible que el paisaje sea meramente lo que está viendo.

La bilocación, es decir, la materia que puede estar en dos lugares al mismo tiempo, es estudiada hace tiempo en el ámbito de la ciencia. La teoría de los universos paralelos, origen de la "superposición cuántica" fue descrita de manera muy clara pero simbólica por Joe Dispenza en el documental "¿Y tú qué sabes?", en el que nos dice *que la Realidad es un número indeterminado de ondas que conviven en el espacio-tiempo como posibilidades, hasta que una se convierte en Real: eso será lo que vivimos.*

Así que debemos admitir que la física cuántica no es algo nuevo, pues se lleva aplicando desde tiempos inmemoriales, aunque sin que recibiera esta denominación. Actos como rezar de manera privada, exclusivamente mediante los pensamientos, son también una expresión de la energía cuántica, al quedar demostrado que las vibraciones de nuestro pensamiento traspasan nuestro cuerpo y se integran en el mundo que percibimos como real. Por ello, y merced al Principio de Resonancia, **si conseguimos que un organismo armónico entre en el campo de acción de un sistema caótico, desorganizado, este último se integrará en la armonía del primero**. Referido entonces al ser humano, es fácil entender que nuestros deseos bien encauzados y firmes puedan influir en la decisión de otras personas cercanas a nuestra resonancia cuántica. Todo es cuestión de calidad en la resonancia y de que el comportamiento de la energía como onda pueda alcanzar un destino adecuado. También necesitaremos continuidad (no basta una sola acción), ritmo (proporciona estabilidad al deseo), e intensidad (la energía disponible). Cuando todos estos elementos se unen y confluyen en un solo sentido, el resultado puede ser la realización del deseo.

La intención promueve la creatividad, y ésta los nuevos logros; pero la intención debe convertirse en un hábito que cuando se repite se materializa. Como un herrero que a base de golpear, logra elaborar una espada.

Deseos

Sólo se conseguirá algo si antes se observa en la mente, pues un escaparate no es nada si nadie lo mira.

Una vez que hemos especificado nuestro sueño, nuestro deseo de vida, debemos delimitar los requisitos para se puedan materializar. El destino empezará entonces la serie de acontecimientos que deberán ir sincronizados para que se puedan lograr. En la medida en que esa serie de acontecimientos se vayan dando, así de cercano estará nuestro deseado logro final. Algunos hechos se repetirán insistentemente, lo que indica que las circunstancias deberán consolidarse para poder seguir adelante. Pero ¿qué ocurre si no se desencadena ninguno de estos acontecimientos? Posiblemente el sueño, el deseo, es un error y será necesario modificarlo cuanto antes.

También puede ocurrir que no tengamos un deseo de vida concreto, que estemos confusos en nuestras aspiraciones y conozcamos nuestras limitaciones. Sin embargo, de repente, hay algo que nos gusta más y otras cosas que ya nos aburren. Nuestra mente siente interés por algo nuevo o recuperamos una afición perdida. Los acontecimientos no parecen casuales y debemos estudiarlos. Si todo obedece a una causa ¿cómo saber la razón de los nuevos acontecimientos? Medite sobre todos los acontecimientos y verá que le conducen solamente a un punto.

No intente ser como alguien en concreto, ni siquiera como una persona feliz o triunfadora. Los arquetipos funcionan una sola vez, pues no hay dos seres iguales en el universo. Debe crear su propio arquetipo, algo único que le diferencie. **Los sueños de los otros nunca serán los suyos**. Eso no es posible.

En el supuesto de que nuestros deseos deban modificar la postura o forma de pensar de una persona en concreto, sea para realizar una relación afectiva o laboral, la resonancia se podrá realizar si ambas formas de energía van en el mismo sentido, si tienen cierta afinidad. Como un poderoso imán en busca de hierro al cual atraer, la energía cuántica efectuada por la mente buscará su afín, y si lo encuentra intentará fundirse, sincronizando una larga serie de reacciones, químicas y energéticas, que darán lugar a la fusión. Aunque no podemos llegar a crear universos ajenos, podemos influir en ellos, bien sea armonizando la energía desorganizada, intentando buscar una resonancia cuántica con otros elementos, o simplemente mediante la perseverancia en nuestra intención. Del mismo modo que **un simple goteo de agua puede llegar a horadar una sólida piedra si dispone de tiempo**, la intención humana continuada podrá modificar el entorno humano mediante la persistencia. Los más firmes defensores del poder de la visualización llegan a proponer que se puede obtener a través de ella casi todo lo que deseamos.

Tanta energía a partir de un pensamiento no parece posible si no tenemos en cuenta la energía cuántica y hasta ahora no ha sido admitido por la ciencia que la mente tenga poderes externos, aunque es fácil reconocer que internamente pueda generar malestar o mejorar nuestra salud. Esto se debe a que se admite la capacidad de efectuar cambios químicos a través de los impulsos nerviosos, pero estos cambios no podrían traspasar las fronteras físicas de nuestro propio cuerpo. Sin embargo, la mecánica cuántica y su compañera la física cuántica, han demostrado ya sin lugar a dudas que **la mente genera simplemente vibraciones, y estas pueden pasar sin problemas a través de la piel**. El quantum es meramente la energía vibratoria que moviliza las partículas que poseen un tamaño miles de veces más pequeño que un átomo. Estas partículas se diseminan por el mundo externo y como energía que son llegan de forma sencilla a cualquier lugar. Por eso el pensamiento puede generar una nueva realidad ya que, a fin de cuentas, es una energía capaz de modificar la realidad que antes describíamos. Por eso, **si creemos que podemos, en realidad, podemos**.

CAPÍTULO TRES

El almacenamiento de los recuerdos

El comportamiento de nuestras células es el resultado de los pensamientos, y estos la consecuencia de las sensaciones.

ADN

Todas nuestras células están dotadas de inteligencia, de recuerdos y sensaciones que influencian todo cuanto hacemos, pero jamás lograremos distinguir esa inteligencia contemplando una molécula. El ADN es un buen ejemplo. Localizado en el núcleo de cada célula, es alimentado constantemente por un movimiento incesante de moléculas orgánicas que flotan en libertad, los elementos de construcción básicos del material corporal. Cuando desea activarse, el ADN atrae esas sustancias químicas y las emplea para generar un nuevo ADN. Ésta es la participación esencial de la división celular, con una doble hélice de ADN que puede dividirse por la mitad, y posteriormente cada mitad convertirse en un ADN nuevo y completo atrayendo las moléculas que necesita para sí mismo.
Las moléculas originales que envuelven al ADN formando remolinos, como una escalera retorcida, le proporcionan cuatro bases nitrogenadas conocidas como adenina, timina, citosina y guanina. Otra base nitrogenada, el uracilo, es exclusiva del RNA. El ADN se vale de estas cuatro bases para efectuar una infinita variedad de combinaciones, algunas de las cuales son cortas (se requieren tres bases para formar un aminoácido básico), y otras muy largas como las cadenas de polipéptidos que pueden fluir del ADN como filamentos.
El ADN se comporta de modo inteligente y sabe exactamente qué información ha de rescatar, pero para que la información que contiene pueda ser utilizada por las células, debe copiarse en

primer lugar en otros ácidos nucleicos, más cortos y con unas unidades diferentes, llamado ARN o ácido ribonucleico, en cierto modo su gemelo. Poseyendo un conocimiento activo (al menos si lo comparamos con la inteligencia silenciosa del ADN), su misión consiste en viajar desde el ADN para producir las proteínas, más de dos millones, que construyen y reparan el cuerpo. Sin embargo, ningún proceso relacionado con la memoria podrá tener lugar sin el concurso del sistema nervioso y el sistema endocrino. Estos dos sistemas orgánicos son los encargados de rescatar la información hacia el resto del cuerpo, formando así lo que denominamos como mente, emociones y sentimientos.

El ADN no sólo trabaja con la memoria, ya que es capaz de fabricar nuevas sustancias químicas a voluntad (como por ejemplo, un nuevo anticuerpo tras haber sido expuesto a un nuevo germen), aunque sigue siendo un misterio el modo mediante el cual realizan esta operación. De cualquier modo y aunque hayamos comprendido ahora algunas de las funciones del ADN, se estima que lo que sabemos es solamente un 1%, quedando un 99% de trabajos que la ciencia no acaba de entender.

En base a esto, hay quien cree que solamente utilizamos el 10% de nuestra capacidad mental, lo que constituye un error de cálculo ya que no hay razón para creer que la naturaleza nos dota de tanta capacidad mental sin utilidad alguna. Los seres vivos que pueblan nuestro universo tienen todos una utilidad, que no es otra que la de mantener estable el orden universal. Cada elemento viviente, incluso los inorgánicos, está para asegurar el equilibrio del cosmos, no para vivir durante un corto tiempo y desaparecer sin otra razón que lo justifique. La naturaleza necesita de todos los billones de elementos presentes para mantenerse en perfecto estado y no entrar en un caos apocalíptico, y el ser humano no se escapa de esta misión. Para los religiosos y los filósofos quizá la función del ser humano es más "elevada", por eso somos la especie más evolucionada, pero lo cierto es que estamos todos aquí para lo mismo: el orden universal. Cuando uno de los seres vivos, e incluso una especie, deja de cumplir su misión de utilidad, es eliminado por el ejecutor de esa misma ley natural.

Y es precisamente nuestro código genético ADN el elemento que contiene ese "chip" de misión en el universo, el que nos mueve a la reproducción, al mantenimiento del hábitat y al trabajo cotidiano, y no al ocio. Tal es la cantidad de información que contiene en el momento de nuestro nacimiento el ADN, que si los comparamos con palabras –palabras moleculares- llenaríamos una biblioteca de 1.000 volúmenes. Y éste es únicamente el producto de la parte activa que corresponde a ese 1% que hemos logrado captar y entender.

Tan complejo es que con una adecuada combinación de letras se puede generar cualquier forma de vida sobre el planeta Tierra, desde las bacterias hasta las plantas, insectos, mamíferos y seres humanos. Finalmente, el ADN consigue comunicarse con la consciencia exterior, con los millones de datos que existen en todo lo que rodea nuestro cuerpo orgánico, pues, a fin de cuentas, su origen es el propio universo.

Células y dendritas

A pesar de los avances en neurología y en la comprensión de la estructura y funciones del ADN, lo cierto es que seguimos sin saber de qué modo se forma un pensamiento en las células del cerebro, las neuronas, ni de qué manera éstas se interrelacionan con el número ingente de conexiones, no solamente entre ellas.

Las dendritas son prolongaciones cortas de las neuronas cuya función es implicarse en la recepción de los estímulos, sirviendo de receptores de impulsos provenientes de otro axón. Al poseer capacidad de reaccionar con los neurotransmisores, pueden unirse a multitud de puntos de intersección del cuerpo, como son el plexo solar y el propio cerebro. Unos experimentos recientes han revelado que pueden generarse nuevas dendritas a lo largo de la vida, hasta edades muy avanzadas, y eso es tranquilizador cuando sabemos que los seres humanos perdemos más de 1.000 millones de neuronas a lo largo de nuestra vida, aproximadamente unos 18 millones al año, aunque esta pérdida es compensada precisamente por las dendritas, que conectan las células nerviosas unas con otras.

Estas dendritas pudieran ser la clave en la formación de los pensamientos, pues cada célula tiene entre 12 y 1.000 de ellas, y constituyen el punto de contacto que facilitan a la neurona la transmisión de señales a sus vecinas. En la medida en que crecemos y aumenta la información almacenada y disponible, las nuevas dendritas establecen nuevos canales de comunicación hacia cualquier dirección, como una centralita donde fueran instalándose nuevos canales de transmisión. Y eso ocurre a lo largo de la vida, hasta edades muy avanzadas, lo que cuestiona la idea del deterioro físico irremediable. Y si las neuronas son capaces de buscar nuevos canales a lo largo de los años, no hay razón para pensar que el resto de las células no puedan hacerlo.

De acuerdo con la visión clásica de la medicina, el crecimiento en un ser joven proporciona la estructura física necesaria para unas funciones cerebrales correctas, funciones que se van deteriorando con la edad. La medicina cuántica, por el contrario, establece que **con la edad la multiplicación intensificada de dendritas es la norma lógica**, ya que la acumulación de datos va en aumento con el paso del tiempo. La madurez es un período de la vida en que el mundo es percibido en su totalidad, es decir, el momento en que se establece desde la percepción individual las interconexiones con el resto del universo, al igual que se establecen entre las células nerviosas con la aparición de nuevas dendritas.

Este hecho ilustra hasta qué punto puede estar equivocada la medicina moderna si se empeña en presuponer que la materia es superior a la mente. La atención al enfermo debería realizarse en primer lugar por el psicólogo o psiquiatra, quien determinaría qué papel han cumplido las emociones en la enfermedad que le afecta. Una vez delimitadas y tratadas con las terapias de armonización psicológica adecuadas, se pasaría a tratar el daño físico ocasionado. Sabemos que no es así, y actualmente vemos que se recomienda en última instancia acudir a un psicólogo cuando las terapias físicas han fracasado.

Así que, y una vez que hemos admitido que las células nerviosas generan pensamientos (a fin de cuentas, poseen ADN), debemos admitir que también es verdad que el pensamiento genera nuevas células nerviosas. En el caso de las dendritas nuevas, son los hábitos del pensamiento, del recuerdo y la actividad mental, los que generan nuevos tejidos. Y éste no es un descubrimiento aislado. En cuanto la medicina cuántica aceptó la noción de una "nueva vejez", empezó a cambiar el enfoque del proceso de degeneración. ¿Podríamos aumentar la capacidad de otros órganos corporales mediante el concurso del pensamiento? A primera vista parece que no, pero si sabemos que las nuevas neuronas se forman precisamente con los pensamientos intensivos y variados, no hay razón para creer que no podemos regenerar cualquier órgano corporal.

Por muy confusa e intrigante que se haya vuelto la relación cuerpo-mente, disponemos al menos de un dato incuestionable: de alguna manera, las células humanas han evolucionado hasta lograr una inteligencia formidable. En cualquier momento de nuestra vida, el número de actividades coordinadas en nuestro cuerpo es prácticamente infinito. No puede haber máquina fabricada por el hombre que sea capaz de realizar tantas funciones en un solo segundo, y todo ello sin que lo percibamos de modo consciente.
Nuestra fisiología no es diferente al espacio exterior y es obvio que entre ambos se establece continuamente una interconexión cuántica que permite el avance hacia formas de vida más evolucionadas. La naturaleza, todo el universo y por supuesto la especie humana, están en un proceso continuo de aprendizaje y mejoramiento. Y esto mismo ocurre en nuestro interior y en nuestros pensamientos. **A nivel mental, siempre somos un**

poco más eficaces que hace un minuto. Además, en la conexión que efectuamos con el exterior, con la consciencia universal, la abrumadora cifra de datos entra poco a poco y de forma ordenada a formar parte de nuestra propia memoria celular. Si nuestros empresarios y políticos supieran algo de medicina cuántica, no jubilarían a sus diputados y empleados a tan temprana edad. **Los mejores cerebros de la antigua Roma y Grecia eran personas de avanzada edad que estaban siempre al lado de sus dirigentes**.

Información

Recordar hechos, personas o acontecimientos, no es igual que recordar una materia o un libro. En el primer caso existen unos eventos que han afectado también al mundo externo que nos rodea, y estos sucesos no han supuesto lo mismo para unos que para otros; sin embargo, han originado cambios en ambos. Así que nunca podremos recordar los acontecimientos del pasado si no rebuscamos en ambas memorias: los datos que almacenan nuestras células que han sido las protagonistas, y los datos que posee la consciencia colectiva que ha estado igualmente involucrada. Por eso el rescate memorístico de acontecimientos es mucho más eficaz cuando se medita, cuando nos concentramos para impedir que nuestra mente, siempre subjetiva, pueda bloquear el acceso a los datos externos.

Pero esto no significa que nuestro ADN sea poco eficaz para almacenar información, ni para entregarla, ya que nada se pierde en el ADN, ni nada que el RNA no pueda ceder. Cada célula del cuerpo contiene todas las posibilidades infinitas del ADN a la vez, desde el momento de su concepción hasta el día de su muerte o cambio, y así puede comprobarse en el procedimiento llamado clonación: teóricamente, uno puede extirpar una célula del interior de la mejilla y, si se dan las condiciones adecuadas, producir una copia idéntica de uno mismo, o producir un millón de copias iguales. Deberíamos aclarar, no obstante, que desde el mismo momento de la clonación o la mitosis, la nueva célula ya es distinta al entrar en su interior millones de datos nuevos. Es la exclusividad, la diferenciación de los seres vivos que tanto nos asombra. Cualquier nuevo dato puede mejorar o dañar esa célula aparentemente igual. Por lo tanto, no debería sorprendernos que una neurona pueda (según unas circunstancias que no acabamos de entender del todo) decidir renunciar a sus propias ordenanzas y no repararse a sí misma o, repentinamente, decidir repararse. Ello nos indica que su ADN nunca queda estropeado.

Todo queda grabado

No dejes en tu memoria los pensamientos que te perturban.

Aunque muchos de nosotros recordamos haber sufrido castigos físicos y psíquicos, la mente intenta bloquear la memoria al tratarse de datos que pueden desestabilizar el equilibrio mental. Sabemos que los recuerdos más poderosos son aquellos que no tienen palabras. No hay palabras o ideas con los que describir estas experiencias traumáticas tan tempranas y ninguna forma de hacerlas lógicas. Tampoco hasta ahora parecía lógico que lleváramos grabados en nuestros genes las experiencias traumáticas de nuestros antepasados. Ambas cosas ahora son reconocidas desde que conocemos la física cuántica. Son desarmonías cuánticas que pueden ser armonizadas si así lo queremos.

Aquellos que afirman que no podemos tener sentimientos antes de nacer y que no podemos tener recuerdos antes de tener palabras con las que recordar, ignoran la evidencia en contra. **El feto es capaz de registrar, codificar y almacenar dolor antes de nacer.** Además ¿cómo son capaces de saber si hay o no sentimientos desde el momento en que una nueva vida queda formada? Asegurar que no hay nada antes del nacimiento es solamente un error científico que es empleado por los proabortistas. Su postura de destruir una vida antes de nacer quedaría injustificable si se demostrase que el feto tiene sentimientos intensos. Entre la séptima y la vigésima semana, los conductos nerviosos que llevan la señal de dolor desde la columna vertebral hasta la parte baja central del cerebro, están casi por completo desarrollados. Y esto se sabe por el sufrimiento fetal detectable con los aparatos actualmente disponibles.

Muchos de los neurotransmisores empiezan a desarrollarse a partir de la semana trece, y continúan desarrollándose hasta la semana treinta. Los conductos de las endorfinas parecen estar operativos a partir de la semana quince. Si una madre fuma o bebe, toma tranquilizantes o está nerviosa o deprimida durante la gestación, sus cambios hormonales y sanguíneos impactan el sistema nervioso del bebé. Un trauma de esta naturaleza puede conducir a la fisiología del bebé hacia la pasividad o la hiperactividad, dependiendo de la clase de trauma.

No obstante, estos datos se refieren al concepto médico que otorga un gran papel al sistema nervioso en las emociones. Pero mucho más allá está la célula misma, cuando óvulo y espermatozoide se funden para formar 23 pares de cromosomas, cada par con su propia información. Esa información ya posee los sentimientos y sensaciones de los progenitores, quienes, a su vez, la había adquirido de sus ancestros y del entorno. No hay un espacio vacío listo para ser llenado. Es un almacén de datos que acumulará nuevos datos hasta el momento de su muerte. Y en esos datos también figuran el miedo y el dolor. No hay justificación para conculcar el desarrollo de una vida, salvo que justifiquemos la maldad.

Otro error médico es hablar de predisposición genética, debiendo hablar de errores adquiridos, algo que marcará para siempre al nuevo ser desde el momento de su concepción. No se heredan los malos hábitos, se adquieren si la madre (responsable del futuro de su hijo) decide seguir con los mismos pensamientos y modos de vida desacertados sin tener en cuenta que alberga un nuevo ser. La predisposición genética es modificable si así lo queremos, pero hay que ser conscientes de que podemos, de que no somos un pelele en manos de nuestro destino. Una vez completado el nacimiento, **las aflicciones asumidas, lo mismo que los estados de felicidad, pueden ser modificados, aunque no sepamos su origen**. El psicoanálisis puede ser un error si está mal conducido, pero un bien si no buscamos causas o culpables, solamente sensaciones y sentimientos. De cualquier modo, nuestras células albergarán ya la información sobre el sufrimiento anterior e intentarán adaptarse.

Cerebro vs memoria

Una creencia errónea es aquella que dota al cerebro de la capacidad para desarrollar la memoria, confundiendo el lugar dónde se almacenan los pensamientos con la facultad de acceder a ellos. Un ejemplo que ilustra esta diferencia estaría en un gran almacén, en el cual los datos serían todas las mercancías que existen, pero que no tienen utilidad si un operario no selecciona y coge lo que necesita en ese momento. El almacén sería todas nuestras células con su ADN, mientras que el operario sería el RNA, quien finalmente llevaría los datos en dirección al cerebro que le daría utilidad. Por eso **cuando el cerebro está dañado no perdemos ningún tipo de información, aunque sí se deteriora el modo en que podemos procesarla**. El resultado es que al no poder utilizar los datos creemos que la memoria se ha borrado, lo que es imposible teniendo en cuenta que disponemos de 50 billones de células (otras fuentes elevan la cifra hasta 75 trillones), más toda la información externa y la que proporcionan los millones de virus y bacterias que conviven en nuestro interior. Si esa información interna humana se encuentra condensada en solamente 0,01916 centímetros (lo que mide cada célula), imagínense la información disponible en el exterior.

Podemos entonces comenzar a apartar la vieja idea de que la mente se encuentra en el cerebro. Los procesos mentales se distribuyen ampliamente por todo el conjunto de células, también las cerebrales, pero la sabiduría no reside en el cerebro, una parte orgánica no más importante que el resto, salvo en que procesa los datos disponibles. Nuestro reconocido Einstein, a quien debemos el gran desarrollo que la ciencia tuvo posteriormente, parece ser que tenía un cerebro similar a la mayoría de los humanos. Solamente se encontraron ciertas peculiaridades en la región inferior parietal que era algo más amplia, un 15 por ciento que el grupo testigo. Un iluso patólogo de nombre Thomas S. Harvey, seccionó gran parte del cerebro del genial físico en doscientas láminas, con excepción del cerebelo y algunas partes del córtex, pero solamente encontró que tenía porcentualmente un mayor número de células de la glía cerebral que neuronas y ello ocasionaba –según dedujo- que utilizase más energía. La desilusión se agudizó cuando descubrieron que el "portentoso" cerebro pesaba sólo 1.230 gramos, es decir 170 gramos menos que el de la media de los varones adultos.

En esas diferencias, las mismas que se podrían haber encontrado si se hubieran estudiado otros cerebros humanos, los investigadores dijeron haber encontrado el secreto de la sabiduría de Einstein, asegurando al mundo que, efectivamente, la inteligencia y la mente residían en el cerebro, en su química. De ahí a recomendar costosos productos químicos para el cerebro solamente mediaron unos pocos años. Por si fuera poco, y para satisfacer nuestro ego, llegaron a la conclusión de que todo aquel ser vivo que no posea un cerebro como el nuestro, no es inteligente. La idea mística de que estamos hechos a imagen y semejanza de Dios, ha cobrado fuerza incluso entre los ateos.

Lo que parece cierto es que, aunque el cerebro solamente procesa la información existente a nivel celular (sin olvidar aquella que nos aportan los virus y bacterias endógenas), lo hace en diferentes zonas, a saber:

La **1ª línea de consciencia** se corresponde con el "cerebro instintivo" o complejo cerebral reptiliano (del reptil primitivo) que incluye el sistema nervioso primitivo, los ganglios basales (acumulaciones de cuerpos de células nerviosas situadas en la base del cerebro), el tallo cerebral y el sistema reticular (conjunto de agrupaciones neuronales). Es la primera línea en evolucionar.

Todas las funciones vitales están mayoritariamente bajo su control: la respiración, la actividad cardiovascular, las hormonas, los procesos digestivos, etc., controlando de forma global la homeostasis, esto es, la autorregulación no consciente. Su función es actuar sin pensar, sea mediante la huída, la pasividad o la acción. Nuestra genética determina su función y eficacia, pero al mantener un estrecho lazo con los cinco sentidos básicos es modificable y mejorable.

Los traumas que suceden al feto o al bebé antes de los seis meses de vida tienen una probabilidad muy alta de afectar a estas funciones. Además, los dolores psicológicos de esta primera línea son los menos accesibles y los más difíciles de recordar.

La **2ª línea de consciencia** se corresponde con el "cerebro emocional" o sistema límbico, relacionado con la memoria, atención, sexualidad, emociones, personalidad y conducta. Se trata de la unión entre el tálamo, hipotálamo, hipocampo, amígdala cerebral, cuerpo calloso, séptum y mesencéfalo. Su velocidad de procesamiento de datos es muy alta, no precisa de las funciones cerebrales, apoyándose en el sistema endocrino y el sistema nervioso autónomo. Esta desconexión con el cerebro reafirma la idea de que **las emociones no están sujetas ni condicionadas a los procesos cerebrales**.

Se empieza a desarrollar hacia el sexto mes y continúa durante la infancia, comenzando después una etapa en la cual las personas pueden disfrutar de la música, dibujar o emplear la fotografía, así como apreciar la poesía. Si en ese momento alguien le motiva o empuja hacia algunas de estas actividades, se declararán una serie de buenas aptitudes. Esta segunda línea no es apta para hacer cálculos matemáticos, para la geometría o cualquier otra materia que requiera la asimilación de conceptos exactos. Es la zona que nos permite soñar despiertos, mezclar emociones con las sensaciones de la primera línea para formar la experiencia, y llegar a desarrollar la parte sensitiva que nos separa de los otros seres de la creación.

Resulta muy significativo que recoja la información del sistema endocrino, la parte orgánica encargada tanto del crecimiento, como de la longevidad; lo que le convierte en el centro neurálgico de la afectividad, los sentimientos, las emociones y la motivación.

La **3ª línea de consciencia** es el "Cerebro Intelectual" o corteza cerebral y se corresponde con la capa externa de la materia gris del cerebro y cerebelo. La corteza cerebral o sustancia gris, de unos 2 ó 3 mm de espesor, está formada por capas de células amielínicas (sin vaina de mielina que las recubra) y debido a los numerosos pliegues que presenta, la superficie cerebral es unas 30 veces mayor que la superficie del cráneo.

En esta tercera línea de consciencia procesamos los datos disponibles que nos permiten razonar y desarrollar ideas, integrando la información de los dos niveles anteriores, proporcionando un significado a la experiencia. Nos conecta con el exterior y nos permite percibir todo el universo cuántico, aunque con frecuencia sus mensajes son bloqueados por las dos líneas de consciencia anteriores.

El cerebro intelectual intenta dar un sentido pragmático a nuestros actos y pensamientos, integrando para ello a los niveles de consciencia anteriores, ayudando a inhibir los impulsos y dando un sentido a los sentimientos. En esta línea se producen ideas para defendernos contra los traumas de la primera y segunda línea, se filtran las sensaciones y sentimientos sobrecogedores, y no admite la lógica hasta que se acomode a nuestra verdad interior.

La habilidad de la tercera línea para inhibir los sentimientos nos permite hacer planes, proponernos objetivos y conseguirlos, seguir funcionando, aunque haya mucho dolor a otro nivel. Es una zona a desarrollar desde los seis años de edad hasta los veinte, pasados los cuales, si no lo hemos desarrollado adecuadamente, los pensamientos dominarán a nuestras sensaciones corporales, dando lugar a las enfermedades psicosomáticas.

Estos tres cerebros funcionan como ordenadores interconectados entre si, cada uno con su propia memoria y funciones especiales. A fin de cuentas, también hay células con ADN en el cerebro. Lo que hace cada uno de estos cerebros y cómo se interrelacionan entre sí, es fundamental para entender nuestra salud mental y física.
Cada uno de estos tres niveles de consciencia contribuye a organizar lo que llamamos la mente que en una persona sana funciona como un solo aparato mental. Aunque los procesos mentales se forman en el sistema sensitivo (los sentidos), del cual forma parte esencial el sistema endocrino, las tres zonas cerebrales organizan los datos para que todo funcione en armonía por el bien del organismo, permitiendo a la persona ser un "ser que siente y piensa", con reacciones emocionales saludables a estímulos exteriores, y la habilidad para pensar con claridad sobre estas emociones y usarlas como guías para la conducta.

Pero **los pensamientos traumáticos (ira, rencor, tristeza, agresividad…) detienen este equilibrio, provocando la desarmonía cuántica.** La diferencia existente entre lo que sentimos y deseamos interfiere con la integración entre estos tres niveles y causa la dislocación global de la función, tanto en la esfera del cuerpo como de la mente. Con la represión y la neurosis podemos sentir en una dirección y pensar en otra; podemos reaccionar a cosas que están conectadas a otras que han sucedido en el pasado, en vez de a lo que está delante de nosotros en el presente. La consecuencia es que reaccionamos en el presente a través del filtro de los recuerdos almacenados.

Complejo cerebro

¿Podríamos guardar una ola en un balde y llevarla a casa? ¿Por qué intentar retener nuestras emociones anteriores y guardarlas en nuestro corazón?

En un pequeño órgano llamado hipotálamo se registran inicialmente las sensaciones que nuestro cuerpo percibe. Conectado sólidamente con la hipófisis, la glándula que coordina todo el sistema endocrino y por tanto la homeostasis del organismo, el hipotálamo elabora nueve hormonas que actuarán como estimulantes o sedantes según las necesidades, creando unas partículas llamadas "péptidos", pequeñas secuencias de aminoácidos que, combinadas, crean las neurohormonas o neuropéptidos, responsables mayoritarios de las emociones que sentimos diariamente. Estas partículas -es importante entenderlo así-, no crean las emociones, sino que las transmiten a todo el cuerpo y de modo especial a la mente. Allí se procesarán para que todo siga bajo control, salvo que sean tan intensas que aturdan a los propios procesos mentales. Aunque se piensa que son estos elementos los responsables de la rabia, la felicidad, el sufrimiento, o la envidia, realmente solamente se trata de una respuesta a los sentimientos generados por nuestro cuerpo físico, condicionados a su vez por las sensaciones corporales. Entre todos elaboran las emociones y posteriormente el pensamiento.

En el momento en que sentimos (introducimos) una determinada emoción, el hipotálamo descarga esos péptidos, liberándolos a través de la glándula pituitaria hasta la sangre, que conectará con las células que tienen esos receptores en el exterior y entre ambos, cerebro y sensaciones, se establecen las emociones. El cerebro, pues, actuaría simplemente coordinando todo lo que recibe para darle una forma que nuestra mente racional pueda entender.

En los últimos años, la manera escogida para tratar ese enigma ha sido el funcionalismo, o la tendencia a comparar el cerebro con un ordenador, sugiriendo que la mente, o la conciencia, pueden igualarse a los procesos que pasan dentro de los ordenadores. Decimos que nuestro cerebro es el hardware y nuestra mente el software.

El cerebro es ciertamente el órgano que controla el sistema nervioso central y, como tal, sus funciones físicas incluyen comunicación, coordinación, cómputo, aprendizaje y memoria, todos ellas funciones que nuestras mejores computadoras también poseen en algún grado. En ese nivel, las analogías entre el funcionamiento cerebral y una computadora son irresistibles. Sin embargo, podíamos hacer la pregunta sobre por qué los ordenadores no poseen una mente: simplemente les falta la espontaneidad y creatividad, la imaginación, no se ríen de los chistes, no disfrutan de la música, no sienten dolor ni hacen ninguna de las cosas que nosotros normalmente asociamos con la vida consciente de la mente humana. Como dijo un filósofo de Oxford: "Nosotros no sabríamos interpretar si un ordenador IBM está enfadado, deprimido o pasando por una crisis de adolescencia"

Si nadie ha visto nunca un pensamiento, no hay razón para creer que se almacenan en zonas específicas y únicas de nuestro cuerpo. La creencia errónea de que los pensamientos se elaboran en el cerebro está basada en los estudios que se han realizado con máquinas conectadas al mismo, en donde se observan actividades eléctricas y químicas cuando pensamos o dormimos. Si hay actividad, es que allí se almacenan los pensamientos y recuerdos -nos han dicho insistentemente-. Esta conclusión ciertamente superficial no ha tenido en cuenta que **ante cualquier pensamiento todo nuestro organismo reacciona de algún modo, no solamente el cerebro.**

Cada célula tiene miles de receptores rodeando su superficie, abriéndose a las experiencias emocionales y cada una sirviendo como un pequeño almacén de conciencia. Allí llegan indudablemente los neuropéptidos que van a modificar el núcleo de la célula, y con ello los pensamientos y emociones. Una vez que nuestras células se acostumbran a recibir cada una de las emociones humanas, se crea el pensamiento racional, pues las reacciones químicas tienen que tener una finalidad, que no es otra que la supervivencia. Y así, con el paso de los años, se crean hábitos de pensamiento, creándose a su vez nuevas conexiones y reacciones que refuerzan lo que pensamos o sentimos. Este es el modo como nosotros asociamos una determinada situación con una emoción o sensación: si en una ocasión vimos a nuestra pareja besar a un antiguo amante y esa visión nos produjo malestar, cada vez que la veamos besar de nuevo a otra persona aflorarán las mismas sensaciones, aunque las circunstancias hayan cambiado. Nuestra mente racional nos indica que ese nuevo hecho no ofreció peligro y que nunca más se volvió a repetir, pero el cuerpo no posee razones y experimenta una y otra vez el malestar. Ha nacido una fobia o el miedo; un anclaje, en suma.

Todos los hábitos y adicciones operan con la misma mecánica. Un miedo (a no dormir, a hablar en público, a enamorarse) puede hacer que recurramos a una pastilla, una droga o un tipo de pensamiento nocivo. Buscamos que la química consiga modificar nuestras sensaciones, del mismo modo que intentamos que sea la mente la que vea las cosas desde otro punto de vista. El problema es que con frecuencia nuestro cuerpo físico no atiende a razones y se empeña en martirizarnos. En ese momento ha surgido la enfermedad psicosomática.

El objetivo en estos casos es engañar a nuestras células sobre lo que ha sentido realmente, quizá con otra emoción diferente, algo que nos excite, distrayéndonos y, en suma, engañando a nuestros sentidos. Puesto que han sido engañados por un suceso que realmente no tenía la desmesurada importancia que le damos, al menos en el conjunto de nuestra vida, le podemos volver a engañar para que la misma situación nos parezca inofensiva. Sería como quitarle el miedo a nuestra memoria celular. Si lo conseguimos, el cerebro creará otro puente entre neuronas que es el pasaje a la liberación. Porque, como se ha demostrado con las investigaciones efectuadas con lamas budistas en estado de meditación, **nuestro cerebro está permanentemente rehaciéndose**, incluso, en la ancianidad. Por ello, se puede desaprender y reaprender nuevas formas de vivir las emociones.

Inteligencia

La memoria es la inteligencia del torpe.

Definir "inteligencia" es difícil, aunque los académicos de la lengua lo intentan una y otra vez. Nos dicen que consiste en la "Capacidad para entender o comprender" y también como la "Capacidad para resolver problemas".
La inteligencia se menciona ligada a otras funciones mentales como la percepción, la facultad de recibir información, y con frecuencia a la memoria o la capacidad para almacenar datos, considerándose por tanto como inteligente al culto, especialmente si domina las materias científicas. Por eso, quienes han destacado en alguna de las artes (escritura, pintura, música…) no suelen figurar entre las personas más inteligentes. **Si Einstein se hubiera dedicado a la pintura, con seguridad no hubiera sido considerado como una de las mentes más prodigiosas del planeta**. Así que no nos queda más remedio que redefinir el concepto de inteligencia, tal y como ahora pretendemos.
Si por inteligencia entendemos algún tipo de facultad o habilidad humana, deberíamos pensar que se trata de algo que se encuentra en nuestro cuerpo, pero no ubicado en algún lugar concreto, sino en su totalidad. Así que resulta pueril que intentemos medir el tamaño de nuestro cerebro para averiguar quién es el más inteligente, si el hombre, la mujer o los animales. Seríamos inteligentes, pues, si podemos coordinar la suma de nuestras facultades mentales para entender y aplicar de modo eficaz lo que hemos aprendido, no de otros hombres, sino de la vida misma. La inteligencia no sería tal, sino puede tener

una utilidad para nosotros.

La inteligencia es una facultad para estar en la vida, un medio para sobrevivir y adaptarnos, pero no es el pensamiento, ni son las sensaciones, tampoco se relaciona con la cultura. La inteligencia es indudablemente más importante que la materia del cuerpo, ya que, sin ella, sólo hay materia sin forma, fluyendo sin rumbo; caos. La inteligencia hace la diferencia entre una casa diseñada y un montón de ladrillos. Organiza el movimiento y nuestra vida, pero no sirve para comunicarnos con la consciencia universal, ni para controlar nuestras sensaciones. Así que mejor que la definamos sencillamente como la "destreza" (know-how) y que no la valoremos tanto. A mi entender, **un filósofo tiene más valor que un químico; al menos entiende mucho mejor la razón de la existencia**. La Inteligencia Emocional, por ejemplo, aunque emplea el término inteligencia, no se refiere al desarrollo de las habilidades culturales, científicas, matemáticas o memorísticas, sino a la capacidad para comprender las intenciones, motivaciones y deseos de otras personas, así como para comprenderse uno mismo, apreciar los sentimientos, temores y motivaciones propios. Ambas facultades nos permitirán una mayor habilidad para sobrevivir e incluso para ser feliz.

Nuestras células no hay duda de que se comportan siempre de modo inteligente, siendo una prueba de ello que seguimos vivos cada minuto y cada hora. He incluso podríamos añadir que **el momento de nuestra muerte es un acto de plena inteligencia**, ya que nos introduce en un nuevo cambio existencial. Tal planificación y eficacia solamente es posible si los organismos involucrados son inteligentes. En base a esta capacidad de supervivencia celular, llegamos a la conclusión de que todos los seres vivos son inteligentes, especialmente el ser humano al ser capaz de modificar su entorno.

Todas las células, segundo a segundo, asumen millones de datos de información y los procesan, pero nuestro corto cerebro solamente es capaz de procesar una mínima cantidad de ellos:

400 mil millones de bits de información por segundo. Los estudios científicos han demostrado que sólo somos conscientes de 2.000 mil de esos bits, referidos al medio ambiente, el tiempo y nuestro cuerpo. Dejemos ya de una vez por todas de considerar a nuestro cerebro como la parte más inteligente de nuestro cuerpo. Concentrado en analizar y dar sentido a la realidad, a lo tangible, se encuentra inútil para entender qué ocurre a su alrededor y mucho menos explicar porqué ocurre. Lo que consideramos la Realidad, es decir, aquello que vivimos, es sólo una mínima parte de lo que en realidad está ocurriendo.

Deterioro mental

¿Podría una persona perder su inteligencia? Cuando nuestro cerebro está dañado, como ocurre en la enfermedad de Alzheimer, se comporta como un interruptor que no puede ser accionado. La electricidad (los datos memorísticos disponibles) no puede ser activada, recogida, y enviada al lugar correspondiente, a las células, lo que ocasiona desórdenes físicos y fallos en la memoria celular. Curiosamente, cuando el cerebro está afectado apenas si sufre como parte orgánica, pero su deterioro sí puede afectar al resto del cuerpo. Las células corporales, ajenas a este deterioro, siguen enviando sus datos para que sean procesados, pero no consiguen que el cerebro pueda dar sentido a tanta información, salvándose de este caos solamente la información para el mantenimiento vital de organismo. Esos datos, entre los que incluimos la respiración, flujo sanguíneo, palpitaciones cardiacas y mantenimiento hormonal, no precisan de la memoria adquirida, pues constituyen movimientos reflejos grabados en el ADN, tal y como ocurre en los recién nacidos. De su inteligencia celular dependerá que la persona afectada sobreviva a pesar de los daños neuronales o cerebrales. Por eso las consideradas personas inteligentes, los científicos en concreto, son más propensos a padecer enfermedades cerebrales. Su sistema primario de supervivencia y adaptación nunca fue desarrollado, al dedicar la mayor parte de su vida a memorizar y entender las materias escritas.

Cuando estamos dormidos todo el orden orgánico sigue en perfecto funcionamiento, lo mismo que cuando estamos anestesiados o incluso en presencia de Alzheimer. Nuestro organismo no olvida que debe seguir manteniéndose vivo, y esa labor incluye millones de procesos orgánicos cada segundo. Nada se impide, aunque el cerebro no pueda efectuar su misión. Además, el mundo exterior sigue enviándonos nuevos datos que son recogidos por nuestros sentidos, transformándose en nuevos cambios que nos permitirán seguir viviendo. Pero este proceso de aprendizaje, de inteligencia, debe ser estimulado desde el nacimiento.

Sin embargo, al margen de los datos necesarios para la supervivencia, hay otros muchos que no se refieren a datos de información, como el instinto, la perspicacia, los presentimientos, el manejo de las emociones o la modificación del pensamiento, entre otros muchos. Para definir el lugar dónde se desarrollan todos estos datos que nos permitirán efectuar muchas más acciones que las meramente corporales, no nos queda más remedio que hablar de la consciencia colectiva y la inteligencia universal. En ellas está todo aquello que forma parte del universo, tanto del pensamiento universal, como de la pertenencia a un orden cósmico que apenas si logramos explicar con palabras burdas. **Nuestra alma** (y espero que el lector no ligue esta palabra a ninguna creencia religiosa) **comprende todo el secreto de la existencia y el sentido de la vida, pero nuestra mente es demasiado simple como para poderlo explicar con palabras.** El lenguaje supone entonces un freno para divulgar lo que sentimos, pero realmente lo sentimos. ¿Podríamos entonces acceder también a la mente universal y asumir su inteligencia? La respuesta es que no necesitamos llegar al lugar del que nunca nos marchamos. Somos parte de la consciencia universal y de su inteligencia, todos formamos parte de un mismo universo.

La conexión universal

Cuando dos partículas individuales se unen, la nueva partícula en que se han transformado posee la suma de su energía, además de la información.

Todas las personas somos como una nación, como una entidad viva con sus propias características, una etnia con su historia, y esto es así aunque vivamos en ciudades separadas, edificios diferentes, con personas diferentes. Un poco más allá, nos podemos ver como los ladrillos que componen los edificios o en las células corpóreas de las personas, o incluso en las moléculas y átomos que forman cada una de ellas. Es una cuestión de perspectiva.

Sin embargo, a pesar de los diferentes experimentos e intentos científicos, seguimos sin poder conectarnos mentalmente, telepáticamente, con nuestros semejantes. Si aparentemente estamos todos unidos en una misma y única mente o consciencia, deberíamos ser capaces de hablarnos simplemente con el pensamiento. Una explicación a esta imposibilidad podría ser que la conexión se realice continuamente, pero que no seamos conscientes de ella. Del mismo modo que nuestras células del pie se comunican con las del corazón –por ejemplo-, de forma continuada sin que tengamos conciencia de que esta conexión se realiza, **nuestra limitada mente racional nos impide percibir que estamos conectados con otras mentes.** Es como si nunca hubiéramos salido de nuestra casa para conocer el mundo.

Ahora bien, si hablamos de la consciencia colectiva como una fuente de información presente en el universo, a ella es fácil llegar al existir una cohesión. La energía cuántica que esta mente universal posee es tan intensa que resulta fácil acceder a ella, al menos para una mente entrenada.

No menos sugestiva es la probabilidad, al menos con las evidencias que tenemos hoy, que cuando hablamos sobre la consciencia estamos hablando de una "propiedad" o de un proceso que nosotros, los seres humanos, compartimos, por lo menos en cierto grado, con todos los otros miembros del reino animal. Así, estableciendo grados de calidad y complejidad, podemos admitir que, en cierto sentido, **todos los animales pertenecen a la consciencia universal**, y disponen de cierto libre albedrío. De ser cierto, tendríamos que considerar la posibilidad de que el resto de los seres vivos e incluso los inanimados como piedras o pedazos de madera (por no hablar de electrones), deben ser incluidos en el grupo de seres conscientes de la naturaleza. Que las montañas tengan alma, que el mar se enfurezca periódicamente o que las partículas del polvo posean una vida interior, sería reconocer algo que las civilizaciones más antiguas daban por cierto. Así cerraríamos el concepto de universo.

Este razonamiento sobre la mente colectiva nos plantea la posibilidad de que la información sobre nuestras vidas no esté solamente en nuestras células, sino que también forme parte de la información externa, de la memoria colectiva. Si nosotros nos podemos aprovechar de los millones de años de evolución, y de que esos millones de pensamientos generados hasta entonces puedan integrarse en nuestro complejo organismo, razonablemente nuestra memoria dispondrá de una fuente de información casi infinita. Además, nuestros propios pensamientos también serán cedidos al exterior, a otros seres humanos. Así que, en realidad, nuestro sobrevalorado cerebro en es solamente un eficaz procesador que activa cada una de los cien mil millones de células nerviosas (neuronas) que tenemos, y mantiene conexiones entre ellas y posiblemente con el exterior. Pero este trabajo solamente lo puede realizar si las neuronas logran intercambiar correctamente la información procedente del resto nuestras células.

¿Qué permite entonces el intercambio con la información exterior? ¿Cómo se filtra toda esa información? A través del inmenso universo celular. **Somos una parte ínfima de un todo, pero tan indispensables para el orden universal como cualquiera de los otros organismos.** Cuando el ser humano se distancia de los animales, las plantas y de su propia especie, poniendo barreras físicas y especialmente mentales, se desvincula del mundo al cual pertenece y una larga cadena de enfermedades le acompañará toda su existencia.

Conciencia y cerebro

La materia de la cual estamos compuestos se renueva totalmente cada siete años. Cualquier átomo que tuvimos antes ya no está. Entonces, ¿qué tipo de consciencia tenemos ahora? ¿Pertenecemos siempre al pasado?

Hoy la mayoría de los científicos hablan de la *conciencia* como algo ligado al cerebro. Además, se admite que los daños y perjuicios provocados en otros órganos del cuerpo puedan causar perturbaciones en la conciencia, lo mismo que un golpe violento en la cabeza casi siempre provoca aturdimiento o desmayo, exactamente como lo hacen las drogas. Por consiguiente, se admite que la conciencia está ligada al estado físico del cerebro, aunque la naturaleza exacta de esta conexión todavía es uno de los grandes misterios, tanto de la ciencia como de la filosofía. Se especula que la conciencia no es algo que simplemente aparece, surge y se perfecciona, como una propiedad básica de los componentes de la materia entera. Es un estado o percepción ligada a la vida misma.

La *conciencia* le permitió al ser humano darse cuenta de sí mismo, pero pronto se desvinculó de la *consciencia* como parte de un todo. Nosotros somos todos polvo de estrellas y tenemos los mismos átomos de hidrógeno que les dieron origen, por lo cual **lo que entendemos como consciencia ya está en nosotros desde el mismo instante de ser concebidos**. De ese polvo estelar nacieron la mente y el cuerpo, dos elementos de un mismo proceso global que permanecen sólidamente unidos.

La conciencia es la zona anímica de nuestro organismo que se forma mediante las sensaciones, los pensamientos y los sentimientos que se experimentan a lo largo de nuestra vida. Con ella entendemos el ambiente que nos rodea y nuestro propio mundo interno, pero solamente traspasando nuestro cuerpo físico para incorporarnos a la *consciencia* universal podremos encontrar respuestas y felicidad. Cuando nuestros parlamentarios políticos se reúnen a puerta cerrada en los recintos del Congreso, se desvinculan del pueblo al cual se deben. Solamente escuchan ya sus propias voces y deseos. Se han desconectado del todo. Esto se debe a que al ser humano le es más fácil interiorizarse que exteriorizarse, desvinculándose de la consciencia, y por eso las terapias mentales de recrearse en uno mismo son un error. Necesitamos meditar con los ojos abiertos, evitando pensar en lo que sucede en nuestra reducida mente interna. **No podemos aprender jugando al ajedrez con nosotros mismos**.

La consciencia nos hace percibir que somos organismos individuales pero vinculados, que en realidad formamos parte de un inmenso orden cósmico, de un todo al que las religiones denominan Dios. Rescatar toda esta información cósmica no es difícil, y de hecho lo hacemos continuamente sin percibirlo. Nunca hasta el día de hoy la Humanidad ha sido más consciente de su pertenencia a un infinito universo y esta nueva sabiduría le ha permitido desarrollar materias tan apasionantes como la metafísica y la física cuántica. Solamente la antigua y errónea creencia de que todos los datos estaban almacenados en alguna zona de nuestro cerebro fue la causa de la ignorancia anterior, al reducirlo todo a un intercambio entre las neuronas y el resto de las células.

Los dualistas alegan que la mente y el cuerpo son cosas muy diferentes y que la mente es necesariamente incorporal, un "algo" etéreo que llega a nosotros de algún lugar y que y vive temporalmente dentro o cerca del cuerpo. Pero hay otras tendencias más científicas que alegan que la mente, o conciencia, deben tener alguna explicación física. La fuente debe localizarse en alguna parte del cuerpo, aunque el lugar exacto dónde se cree que está ha variado considerablemente a lo largo del tiempo.

El filósofo griego Epicurus el Viejo creía que había un alma extendida por el cuerpo, responsable tanto para la conciencia como para la vitalidad en general, aunque muchos otros griegos pensaban que el corazón o los pulmones eran la fuente de esas cosas. Otras suposiciones decían que la conciencia permitía el funcionamiento del hígado o que vivía en la sangre. Según los filósofos hindúes, se concentra en los chacras, localizados a lo largo de la línea central del cuerpo, y que se podían dominar a través del yoga y la meditación.

Nuestra mente conoce la intención de las acciones ajenas

La teoría cuántica de que el cerebro canaliza toda la información de las células corporales, emitiendo y captando las ondas vibratorias de los pensamientos, ha encontrado su confirmación gracias a unos neurocientíficos de California que han verificado lo que hasta ahora era una hipótesis: que no solamente percibimos las actividades de los otros, sino también la intención que los motiva a hacerlas. Han comprobado que las áreas del cerebro donde se encuentran las *neuronas espejo*, que se activan durante la ejecución y observación de una acción, también añaden intenciones a las acciones presentadas en un contexto. Hasta ahora, se pensaba que este tipo de neuronas sólo estaban implicadas en el reconocimiento de acciones, no en su interpretación. Ahora sabemos que poseen la facultad, desconocida hasta hace poco para una neurona, de descargar impulsos tanto cuando el sujeto observa a otro realizar un movimiento, como cuando es el mismo sujeto quien lo hace.

Estas neuronas espejo forman parte de un sistema de percepción y de ejecución cerebral que activa las regiones específicas de nuestra corteza motora, como cuando vemos que se mueve una mano u otra parte del cuerpo de otra persona, dándonos la impresión de que nosotros mismos también nos moviéramos aunque no lo hagamos.

Gracias a ellas, entre otros factores, se producen los procesos de identificación esenciales para que los padres y cuidadores pasen sus caracteres a los niños, al mismo tiempo que los movimientos de los lactantes son registrados por sus cuidadores, hasta el punto de sentirlos como suyos. Sin embargo, el descubrimiento de las neuronas espejo va más allá y se especula en que el movimiento de otro, al ser observado, genera un movimiento igual en el observador, e incluso que podamos intuir las intenciones de otros. Si ello es cierto, y admitiendo que se pueden ejercitar, podríamos encontrar la respuesta a los sentimientos de empatía de muchas personas.

Este descubrimiento sobre las neuronas espejo nos lleva a que **predecir las intenciones ajenas puede ser fácil mediante un simple cálculo de probabilidades**, aunque intuirlo va mucho más allá, ya que nos encontramos con una conexión cuántica entre ambas mentes. Esta conexión no es un fenómeno extraño, ya que sabemos de muchas personas que deciden al mismo tiempo la misma opción sin comunicación previa, y de otras que pensaban en ellos justo un minuto antes de establecerse la comunicación telefónica.

De un modo similar, **el movimiento ondulatorio intenta siempre establecer contacto con otras ondas afines**, pero también lo hace simplemente en busca de su complemento o para estabilizarse a sí misma o estabilizar otras ondas. Este es el comportamiento grupal primitivo, en el cual **la labor de "ser útil" está presente en todos los seres vivos** desde que nacen, y cuando nos apartan o no nos integramos, el desequilibrio puede ocasionar el caos vibratorio, la enfermedad.

CAPÍTULO CUATRO

Pensamiento y emociones

De todo lo que hay en el mundo de los sentidos, podemos decir que "todo fluye" y que nada permanece. No hay nada que sea en el mundo de los sentidos, solamente se trata de un montón de cosas que surgen y perecen.

Es cada vez más fácil separarse de la idea según la cual un mayor conocimiento de la química del cuerpo es la principal necesidad de nuestra época. Las investigaciones en este sentido, en lugar de clarificar, nos confunden aún más al demostrar que son muchas las sustancias químicas del cuerpo (de hecho, son miles) que influyen en los pensamientos, y que éstas se vienen produciendo según esquemas extraordinariamente complejos, que van y vienen a velocidades incontrolables, a veces, en una fracción de segundo. ¿Quién o qué controla este flujo continuo? Al llegar a este punto no podemos descartar la conexión mente-cuerpo. Asegurar que el cuerpo se cura por sí solo empleando unas sustancias químicas, es como decir que un coche toma una curva gracias únicamente a las ruedas. Por supuesto, y además de otros muchos elementos, es necesaria la presencia de un conductor que sepa lo que está haciendo.

Nuestro limitado cerebro

La mayoría de los científicos nos han dicho que tenemos un cerebro que piensa, decide, siente y almacena datos. Podría parecer que 100.000 millones de neuronas, según las últimas especulaciones, serían suficientes, pero si las comparamos con los 50 billones (o trillones, según otros investigadores) de células corporales no son demasiadas.

Y ahora debemos pensar en toda la información que dicen almacena el cerebro. Verán: por una parte, tenemos el ADN que contiene la información genética usada en el desarrollo y el funcionamiento del organismo, y la acumulación de datos que generación tras generación se han incorporado. Pero no solamente almacena los datos de nuestros ancestros, sino que también lo hace del exterior, del cosmos, y ahí sí que hay mucha información. Por tanto, no es posible que se acumulen tantos datos en tan poco espacio, así que vamos a encontrar otro lugar más amplio, y ese es el conjunto de todas nuestras células corporales. Pero aún así, no es suficiente. Tiene que existir un lugar donde tan basta información pueda estar disponible de forma ilimitada en el tiempo y el espacio. La base de datos deberá estar en el exterior del cuerpo, en todo el universo. **Mediante el simple acto de inspirar introducimos millones de nuevos datos y en cada espiración los cedemos**, y así de manera continuada. Disponible para nosotros y todas las demás especies. Luego tenemos nuestra propia energía cuántica y su capacidad para traspasar la barrera sólida de nuestro cuerpo y fundirse con el exterior. Allí se establece el intercambio energético y como en una orquesta gigantesca, todos los elementos se unen para conseguir que el orden universal siga estable. Si hay un director de orquesta no lo sabemos, pero podemos referirnos a él como Dios.

Lo que parece cierto es que el cerebro organiza las cosas del cuerpo. No es la mente, pero sí el organizador. Es el procesador, pero no el disco duro. Bastante trabajo tiene ya con controlar las funciones orgánicas, como para que tuviera también que almacenar la memoria y los sentimientos. Es una máquina extraordinaria, pero el conductor no está allí.
El reto que sugiero es encontrar la forma en la cual los pensamientos influyen en el cuerpo y de cómo la consciencia universal logra ponerse en comunicación con la conciencia interna. Aunque sabemos que **cualquier enfermedad incluye un componente psicológico**, no entendemos porqué afecta a

unas zonas más que a otras, ni de cómo este cuerpo que piensa a través de las células, logra formar imágenes y almacenar recuerdos de forma tan precisa y compleja. Y es que un simple recuerdo, por ejemplo, un día soleado con una persona a la que amamos, no es algo sencillo, ya que incluye colores, brisa, texturas, piel, cabellos, temperatura externa, sudor y mil elementos más que configuraron ese día que tanto nos gusta recordar. Pero es que además con frecuencia recordamos con todo detalle y podemos ser capaces de describir todo cuanto ocurrió, vimos y hablamos aquel día. Y así con todos los miles, millones, de recuerdos que cualquier persona almacena en sus años de vida. ¿Y de qué están hechos los recuerdos? Si se almacenan deberían tener alguna consistencia, pero, aunque miremos a una célula, sea neuronal o hepática, nada vemos relativo a los recuerdos. La única manera de explicarlo es empleando la física cuántica y su energía universal vibratoria, nunca con elementos sólidos, moléculas o reacciones químicas.

El pensamiento es el modo mediante el cual se trata de dar sentido y utilidad a los millones de datos recibidos y que han sido organizados por el cerebro. Si este último no los procesa de modo adecuado, el pensamiento será desacertado. Además, y como antes hemos aclarado, las sensaciones corporales intensas pueden saturar a nuestro limitado cerebro, impidiéndole que organice y distribuya los datos adecuadamente.

Estos razonamientos nos llevan a la conclusión de que quien "piensa" es todo nuestro cuerpo, no el cerebro ni esa mente que dicen anclada en él. Los sentimientos no se forman en el cerebro; no es allí donde radica la tristeza, ni la alegría. El organismo en su totalidad sabe lo que le está sucediendo, no sólo el cerebro, y en cualquier parte donde haya un receptor de moléculas mensajeras, o sea, en cada célula, hay una zona sensitiva que acusa cualquier anomalía.

Así que todo cuanto hemos realizado de palabra, pensamiento u obra, se ha convertido al mismo tiempo en energía cuántica que se disemina por el universo, no permanece exclusivamente en nosotros. Somos, pues, responsables no solamente de nuestro bienestar, sino de todo el bienestar, un concepto que las leyes humanas han tenido siempre en cuenta, aunque sin utilizar argumentos metafísicos. De este modo y gracias al concurso de todos los seres vivos, la magnitud del cosmos puede seguir su curso sin errores. **Cuando un psicólogo insiste en tratar a su paciente de modo individual, empleando largas charlas y monólogos con él, le desvincula de su entorno, le obliga a interiorizar una y otra vez sus angustias**, le deja cada vez más debilitado.

Almacén de recuerdos

Pensamientos y memoria parecen ir unidos, pero la memoria se elabora mediante los datos acumulados en la memoria interna y la colectiva externa, mientras que los pensamientos son el conjunto de reacciones originadas por las sensaciones físicas y la memoria. Se trata de un proceso pragmático.

La memoria no depende de la cultura, tampoco es un ejercicio cerebral o intelectual, aunque es obvio que la cultura y la memorización de los datos académicos tienen como resultado la acumulación de datos en nuestras células corporales. Sin embargo, una vez que nuevos datos se introducen y se añaden a aquellos ya previamente acumulados por nuestra experiencia y la de nuestros ancestros, pueden surgir algunos problemas, básicamente por:

-Exceso de información elemental, superflua, no vital.
-Emociones descontroladas por las sensaciones corporales.
-Demandas excesivas para recordar datos imprescindibles para la supervivencia.
-Déficit de oxígeno que impedirá la estabilidad del ADN.
-Falta de eficacia en el ARN (transmite la información).

¿Existe un límite para lo que puede ser almacenado en los compartimientos de la memoria? Creemos que no, aunque sí existe el límite en la capacidad para rescatar los datos. **Ningún dato puede ser borrado, a pesar de que repetidamente insistimos en que "hemos olvidado"**. Realmente es más exacto cuando nos referimos a "queremos olvidar", lo que indicaría un deseo de no recordar. De lo que se trataría es volver a recordar los hechos acaecidos, una vez que hemos cambiado nuestro pensamiento y la valoración de esos hechos. Puesto que no hay posibilidad de borrar ningún dato anteriormente insertado en nuestra memoria, y todos permanecen ocultos hasta que los rescatamos de forma voluntaria o involuntaria, **mejor que intentar olvidar es establecer un nuevo recuerdo**.

No obstante, y aunque hay ciertos recuerdos que deben ser modificados para que puedan ser asimilados, otros deben ser aislados. **Los mecanismos de defensa orgánicos suelen impedir que se rescaten vivencias que podrían dañar la integridad corporal y mental**, lo que parece lógico en un organismo que lucha por su propia supervivencia. Al funcionar como un todo y no como elementos sueltos, la memoria podría quedar bloqueada ante la llegada de un recuerdo especialmente perjudicial. El psicoanálisis, por tanto, y su insistencia en desbloquear estos recuerdos y traerlos al presente, ocasionaría un efecto a largo plazo muy perjudicial, aunque inicialmente la persona se sienta "liberada". Si el organismo ha decidido apartar esos datos ¿por qué insistir en rescatarlos y llevarlos al momento presente?
La vejez, sin embargo, puede ser una época extraordinaria para rescatar datos aparentemente olvidados y en ocasiones desagradables, pues la larga experiencia acumulada hace que el punto de vista cambie, y si lo cambiamos también cambiará la percepción del hecho. Lo que hace 30 años nos pareció muy doloroso, ahora nos puede parecer insignificante. **El anciano ha cambiado, pero también se ha enriquecido con los millones de partículas de información que ha recibido**. Lo nuevo proviene de lo viejo y dispone ya de la experiencia acumulada hasta entonces, que deberá sumarse a todo lo que siga llegando.

Como un niño a quien le rompimos un juguete y esto le ocasionó un disgusto que le duró varios días durante los cuales apenas quiso comer, las personas debemos ser capaces de esbozar una sonrisa cuando recordemos hechos que antaño nos causaron daño y que ahora nos hacen sonreír por lo pueril.

En sus pensamientos está la clave

La existencia de la consciencia siempre es un problema. ¿Qué es, por qué existe en el mundo y tanto en nosotros como en el exterior? Necesitamos algunas respuestas sobre esta dualidad y si la encontramos podremos comprender muchos asuntos de la vida cotidiana, aunque todavía nos quedaría por aclarar qué es realmente "la vida". En un sentido más ancho, algunas respuestas son necesarias para iluminar el significado y el propósito de la vida, las razones de nuestra cultura y el lugar de un solo individuo en un universo más grande. También son necesarias para obtener un poco de comprensión del universo en sí mismo.

El concepto más extraño es el de "realidad" al que ya le hemos dedicado un capítulo. Se habla de ella para definir lo que existe, sea o no sea perceptible, de lo accesible o entendible por la ciencia o la filosofía o cualquier otro sistema de análisis. Pero en la teoría cuántica la realidad depende solamente del observador y éste puede modificar los hechos considerados reales. Para los científicos, los hechos reales fortuitos, aquellos que no se repiten, son solamente producto del azar y no merecen su consideración. Sin embargo, **si un hecho se ha producido indica que se puede volver a producir, si encontramos el modo**. Así que si un acontecimiento se ha generado en nuestra mente, y solamente en la nuestra, indica que es real y es posible su reproducción. No es un hecho imaginado, inmaterial, puesto que el pensamiento es una forma "natural" de expresión de la energía cuántica.

Una vez que los pensamientos se generan en nuestra conciencia y se hacen *conscientes*, los podemos proyectar hacia una o más personas, o somatizarlos en nuestro interior para modificar nuestra salud o las capacidades físicas y mentales. Si decidimos proyectarlos al exterior, y al margen que sean positivos o negativos, destructivos o constructivos, hay siempre una confrontación entre ambas consciencias, la interna y la externa, una reflexión y diálogo para que el mensaje no sea fútil. Aún así, hace falta un receptor, y éste no siempre está receptivo en ese momento. De cualquier modo, el mensaje nunca se pierde ni se diluye. Cuando los pensamientos se interiorizan, buscando una reflexión o toma de decisiones, llegan de modo instantáneo a todas las células, buscando provocar sensaciones corporales.

El problema es que el pensamiento no puede crear nada que no exista, aunque en muchas ocasiones esta "realidad" ha sido pensada y racionalizada por otra persona, incluso lejana o de otra época. **Un acontecimiento nuevo o fortuito casi nunca es percibido**, al no haber formado parte hasta entonces de nuestra memoria celular. Este comportamiento ha sido empleado numerosas veces por los grupos terroristas, siendo el hecho más significativo el atentado a las Torres Gemelas, un acto tan insólito que ni siquiera había sido previsto por los servicios de seguridad.

Para poder sentir malestar por un comportamiento humano incorrecto, antes debe haber formado parte de nuestros pensamientos o realidades. Sería como los antígenos, que nunca dan problemas en el primer contacto. Nadie nos provoca recelo o temor, si antes él o alguien parecido no nos habían ocasionado dichas sensaciones. Un niño pequeño no tendrá miedo al fuego si antes no ha sido advertido del peligro o sentido una quemadura. Afortunadamente los pensamientos son modificables, pues **todo lo que está ahora en desarmonía, puede volverse armónico en pocos minutos**. Afinar una guitarra de horroroso sonido es cuestión de minutos.

Y si los pensamientos desarmónicos pueden originar hechos alterados, los positivos pueden crearlos del mismo modo. Esta es la razón para **no revivir mediante el psicoanálisis las causas**

de nuestra desazón. Seguramente se volverán a originar, ya que nuestra conciencia no diferencia entre lo que necesitamos y lo que nos duele; solamente ve pensamientos. Tampoco diferencia entre lo que imaginamos y lo que vivimos, lo que nos deja un amplio margen para elaborar sensaciones, sean dolorosas o placenteras.

Lo que parece cierto es que los pensamientos armónicos ocasionan con más facilidad hechos materiales benévolos, ya que así está establecido en el orden natural del equilibrio. Lo semejante atrae a lo semejante, independientemente de la utilidad y el mundo donde esté situado. **Si nuestra mente ha creado un mundo placentero, es que puede ser creado**, ya que el comportamiento de las células es el resultado de nuestros pensamientos, y estos, la consecuencia de las sensaciones.

El paisaje más complejo que podamos tener ante nuestros ojos lo percibimos como tal mediante la suma del color, la luz, el aroma y otras sensaciones corporales. La mente se ocupa del resto al darle coherencia y explicación, pero si el pensamiento está confuso ese bello paisaje no nos dejará ninguna huella. Y al revés, ya que esa buena actitud mental se verá obstaculizada si ese bello paisaje está inmerso en un día de frío intenso o calor insoportable. La sensación física desagradable nos hará creer que no tiene interés para nosotros, ya que la mente no es capaz de considerar algo como bello si nuestro cuerpo sufre con ello.

Pensamientos que hacen sufrir

¿Por qué preocuparse del pasado si ya no existe?

Puesto que no parece probable que existan células para albergar la alegría y otras las tristezas, y dado que sabemos que el dolor o la alegría se sienten en todo el cuerpo, lo más probable es que los sentimientos queden albergados en todas las células, aunque las más débiles desencadenarán la alteración cuántica que dará origen a la enfermedad. Mientras que una parte orgánica que está enferma -un pie, por ejemplo-, no siempre altera el conjunto orgánico, las enfermedades mentales desequilibran todo el organismo. Esto se debe a que las manifestaciones psíquicas son sentidas por igual en todas las células, aunque se declaran de modo desigual en las diferentes zonas orgánicas.

La pregunta es si sufrimos con el corazón como nos han dicho, o con la mente. La vieja creencia de que sufrimos con el corazón - "Tengo el corazón dolorido de tanto sufrir"-, es tan cierta como afirmar que nos duele la cabeza de tanto pensar. Aunque la medicina tradicional sigue insistiendo en que los pensamientos se almacenan o forman en el cerebro, luego vemos que las emociones intensas se manifiestan en zonas concretas. Basándose en este error, los médicos no suelen tener en cuenta las debilidades emocionales del ser humano y cuando detectan un corazón enfermo, por ejemplo, el tratamiento es siempre a base de química y en ocasiones de cirugía. La falta de ternura en los tratamientos es suplida por la seriedad del médico y la pesadumbre de los familiares del enfermo. Los episodios de angustia o desesperanza que a veces muestran los enfermos en las unidades de cuidados intensivos, demuestran la insalubridad en la que se ven sumidos al estar confinados en espacios estéri-les, cerrados y desprovistos de cualquier manifestación de alegría, luz o color.

En estos últimos años, la medicina alternativa ha logrado demostrar que había mucha verdad en la importancia de los sentimientos del terapeuta en la resolución de las enfermedades, valiéndose del amor y del cariño para curar. Sin estos ingre-dientes, el efecto de los medicamentos puede llegar a ser excesivo, lo que se comprueba habitualmente en los hospitales modernos donde ya hay más tecnología que cariño, más espacios blancos que lugares llenos de color. En este último aspecto, deberíamos considerar las razones por las cuales **los colores, la poesía y la música han sido excluidos de los hospitales**.

Los libros que tratan de curación integral suelen afirmar que las personas enfermas "necesitan" de su enfermedad para curarse, lo que parece una contradicción a primera vista. Las enfermedades crónicas podrían ser la expresión simbólica de un autocastigo, de una venganza o de un menosprecio de sí mismo, aunque al ver a tantas personas que las padecen no estamos seguros de que esto sea así. El deseo de curarse es imprescindible, pero **con frecuencia necesitamos entrar en crisis para dar un salto cuántico hacia la salud**. Una tormenta con su efecto desbastador puede parecernos un castigo, pero la naturaleza resurge después con una vitalidad que antes no tenía. El corazón nos parece muy frágil, pero puede endurecerse tras el sufrimiento o con la vida misma. Así que los sentimientos negativos también pueden suponer una terapia o fortalecimiento. Quizá es que **la euforia de la felicidad deja al organismo demasiado desvalido ante las adversidades**.

Lo más importante es que cualquier cosa que empleamos para curar una enfermedad puede curarnos por sus propiedades o porque creamos que es capaz de curarnos. Así que la conclusión es que lo beneficioso o nocivo en un hospital no es ni la sustancia farmacológica, ni el comportamiento del médico respecto de su paciente, ni el olor antiséptico del hospital, sino la interpretación de todo ello por parte del enfermo. Si le dejamos solo en un ambiente tan lleno de dolor, si le consideramos poco más que una máquina a la que hay que arreglar cuanto antes para que deje el espacio para el siguiente, las recaídas serán habituales. Consecuentemente, la verdadera guerra no tiene lugar entre el corazón y la mente. Hay algo más profundo en nuestro interior que genera nuestra visión de la realidad.

La respuesta emocional

Los fenómenos generados en el hipotálamo suponen un modo eficaz de adaptación a las adversidades y nos permiten mejorar las conductas, activar la memoria y modificar nuestros rasgos faciales y musculares según nuestro estado de ánimo. Al final, **somos la consecuencia física de nuestros pensamientos**, y esto abarca también a la salud.

El hipotálamo a través de la glándula pituitaria se conecta con el cerebro, el cual actúa como una tormenta que descarga los pensamientos a través de la sinapsis o unión entre las neuronas. De este modo se comporta como un mediador sin inteligencia, lo que parece una contradicción en una zona en la cual se piensa radica el conocimiento. Aunque nadie ha visto nunca un pensamiento en el cerebro, ni siquiera con las máquinas más perfeccionadas, se ha podido demostrar cierta alteración nerviosa en los procesos mentales.

Cuando un neuropéptido entra en una célula, ocasiona una descarga de sustancias bioquímicas que pueden llegar a modificar su núcleo. Pero antes de ello se ha establecido un recorrido sensitivo por nuestros cinco sentidos, mediante los cuales se generarán emociones de ira, angustia, alegría, envidia, generosidad, pesimismo, optimismo… Estas emociones llegarán hasta el cerebro, el cual creará los mencionados neuropéptidos que alcanzarán todos los órganos del cuerpo, aunque algunos los recibirán de modo más intenso que otros. Si nos acostumbramos a estas emociones, crearemos los hábitos de pensamiento, un nuevo proceso que terminará asentándose en nuestras células.

Los estados mentales negativos, aquellos que tienden a la destrucción o alteración de la vida, sea la nuestra o la ajena, desencadenan fenómenos químicos que ocasionarán las enfermedades. Un ejemplo de ello son **las enfermedades autoinmunes y el cáncer, ambas ocasionadas por un shock emocional** que descontrola a las células de una zona orgánica no adecuadamente sólida. Como personas aterrorizadas ante un supuesto agresor, las células afectadas se mueven descontroladas, olvidando mantener el control de sus actos y perjudicando a las demás. La buena noticia es que el proceso es reversible.

Las emociones quedan clasificadas en 6 categorías reactivas y sus consecuencias:

- MIEDO: Anticipación de una amenaza o peligro que produce ansiedad, incertidumbre, inseguridad.
Beneficio: Nos impulsa a protegernos.
Daño: Impide afrontar el problema.

- SORPRESA: Sobresalto, asombro, desconcierto. Es muy transitoria.
Beneficio: Ayuda a orientarnos frente a la nueva situación.
Daño: Nos aturde.

- AVERSIÓN: Disgusto, asco, repulsa. Solemos alejarnos del objeto que nos produce aversión.
Beneficio: Nos permite seleccionar lo conveniente.
Daño: Somos poco objetivos en la valoración.

- IRA: Rabia, enojo, resentimiento, furia, irritabilidad.
Beneficio: Nos lleva al cambio rápido.
Daño: Nos induce hacia la destrucción ajena o propia.

- ALEGRÍA: Diversión, euforia, sensación de bienestar, de seguridad.
Beneficio: Nos induce a repetir el hecho.
Daño: Nos mitiga la sensación de alerta.

- TRISTEZA: Pena, soledad, pesimismo.
Beneficio: Nos motiva hacia una nueva reintegración personal.
Daño: Nos hace replegarnos y no luchar.

La ira, el odio, la agresividad, son sensaciones que se asientan pasajeramente y que solamente la voluntad las reaviva. **Decir "te querré siempre", es tan ingenuo como asegurar "no te lo perdonaré nunca"**. Con el paso del tiempo su mente seguirá intentando reafirmar estas promesas realizadas a usted mismo, pero esas promesas no son asumidas por sus nuevas moléculas y comenzará un conflicto.

Estas emociones sirven para establecer nuestra posición con respecto a nuestro entorno, impulsándonos hacia ciertas personas, objetos, acciones, ideas y alejándonos de otras. Las emociones actúan también como almacén de influencias innatas y aprendidas, poseyendo ciertas características invariables y otras que muestran cierta variación entre individuos, grupos y culturas. En la manifestación de todas ellas hay alteraciones químicas orgánicas, algunas paradójicamente similares como son las lágrimas de la felicidad y la tristeza, el rubor de la timidez y el de la agresividad, o el nerviosismo del primer encuentro y el miedo. Tan iguales en la manifestación física que nos parece imposible que la mente no logre controlarlas.

Las situaciones habituales de la vida, como el trabajo, el clima, el ocio y la relación social, determinan que relacionemos una situación con una emoción corporal, como por ejemplo cuando nos quedamos encerrados en un ascensor. A partir de entonces, la palabra o el objeto "ascensor" irá unido a una emoción desagradable. Si no se interrumpe esa asociación, ese anclaje, nuestra mente podría relacionar ese pensamiento-objeto con esa emoción y reforzar esa conexión, conocida en el ámbito de la psicología como "fobia" o "miedo". Esta alteración habría quedado anclada en todas nuestras células.

Cuando recurrimos a un medicamento para disminuir o evitar esta fobia, estamos intentando engañar o distraer la memoria intrínseca de las células más afectadas. Este engaño, no obstante, y aunque proporciona resultados corporales visibles, no cambia nuestra percepción que es la suma de un proceso mental y una sensación física. Cuando realizamos una terapia de meditación parece que estamos efectuando un proceso de liberación, de soltar y desprendernos, pero al mismo tiempo sustituimos el anclaje anterior por otro que no siempre nos proporciona tranquilidad. Es como enamorarnos de nuevo después de una mala relación anterior. Si no cambiamos nuestra percepción y vemos que no todo fue malo, tarde o temprano pasaremos nuestras angustias a la nueva pareja.

Las emociones negativas, en especial cuando se sienten con fuerza, pueden trastornar las funciones glandulares y hormonales, las cuales, a su vez, alterarán los pensamientos. Este negativismo continuado tiene un efecto insidioso sobre la claridad mental, bloqueando las señales externas que nos aseguran que **nada es tan grave como nos parece**. La falta de objetividad desaparece y da lugar a una insistencia en los detalles que nos condujeron a la infelicidad, destruyendo poco a poco la felicidad de una persona sin que ella se dé cuenta. Deberíamos recordar que cuando experimentamos sentimientos de odio hacia alguien, en realidad somos nosotros quienes más sufrimos; que **la ira corroe más las entrañas del airado que al objeto de ella**; que **la envidia nunca encuentra saciedad**; y que el rencor puede perpetuarse mientras que la persona causante de él habrá conseguido rehacer su vida. Porque, de acuerdo con la ley de causalidad mental, todo pensamiento es una acción y toda acción tiene una reacción, y una cosa es cierta: albergando pensamientos de animosidad no mejoraremos las relaciones con alguien, ni resolveremos ninguna diferencia.

Para poder tranquilizar nuestros ánimos, hemos de empezar por acabar con ese tirano interiorizado que censura todos nuestros actos y que fomenta la inseguridad y el miedo; esa moral que determina lo bueno y lo malo, como un juez que condena a los que se salen fuera de lo previsible y lo correcto, que promete castigos, menosprecio y marginación a los que no reconocen lo que parece establecido.

Aunque aparentemente no hay diferencias "emocionales" en las diferentes células que componen el cuerpo humano, cada una conserva su propia personalidad y son afectadas de modo diferente. Diminutas y sensibles, da igual que estén situadas en el hígado, en el corazón o en el riñón, pues todas poseen la misma información, pero a su manera. Al ser nuestra inteligencia la suma global de todas ellas, nuestras emociones también las afectarán en su conjunto, aunque la reacción será distinta en cada parte del cuerpo. El impulso nervioso de la preocupación, por poner un ejemplo, puede degenerar ocasionando una úlcera en el estómago, en el colon un espasmo, o en la mente una obsesión que luego generará otras enfermedades; pero el origen sigue siendo la preocupación. Cuando se consolida, cada célula lo recuerda en cualquier momento. Puede que con el tiempo nos olvidemos de esa preocupación, pero cuando la sensación vuelve a surgir en la memoria, parece que se apodera del cuerpo entero, prueba inequívoca de que ya se había instaurado en nuestra memoria celular.

Esto ocurre porque cada vez que llegan nuevos datos, sean del exterior o de nuestro propio ser orgánico, se van almacenando en determinadas células corporales, como si tuvieran una apetencia por los distintos órganos. Esto determinará la vitalidad y la salud de esa zona, en función de que los pensamientos sean correctos o no. Por lo tanto, si conseguimos saber qué tipo de sentimiento se almacena en cada zona corporal, podríamos curarla actuando sobre los sentimientos.

Así, y por poner algunos ejemplos, vemos que:

El **miedo** afecta a la vejiga y su opositor es la **valentía**
La **tristeza** daña al hígado y requiere **alegría**
La **agresividad** se centra en los genitales y pide **templanza**
El **desamor** nos destroza el corazón y solamente con **amor** se cura
La **impulsividad** aumenta la tensión arterial y necesita **serenidad**
El **nerviosismo** altera a la glándula tiroides y requiere **tranquilidad**
La **rabia** congestiona la vesícula biliar y necesita **condescendencia**
Rechazar perjudica al estómago y se cura con la **aceptación**
El **egocentrismo** nos deja con la vista débil y requiere **empatía**
La **ansiedad** corta la respiración y necesitamos **objetividad**

La **rigidez de pensamiento** descontrola la columna y pide tener **visión amplia**

La **exigencia** ocasionará dolor lumbar y debemos establecer **prioridades**

La **insatisfacción** nos dejará con el pelo débil y se cura buscando la **plenitud** espiritual

Una **actividad** intensa nos ocasiona debilidad en el intestino delgado, necesitando **descanso**

El **histerismo** afecta a la circulación venosa y se cura con el **control** del pensamiento

La **introversión** perjudica al sistema linfático y requiere ser **extrovertido**

Finalmente, el **estrés** afecta especialmente a los dientes y se mitiga con **organización**.

Pensamientos destructores

No existe nada bueno ni malo; es el pensamiento humano el que lo hace aparecer así.

Cuando mencionamos hechos bien fundamentados que han ocasionado sensaciones físicas en primer lugar y posteriormente modificaciones en los sentimientos, solemos hablar esencialmente de "cómo nos han afectado", cómo nos sentimos psíquicamente ahora a causa de aquellos hechos físicos. Pero el procedimiento curativo debería ser al revés, ya que las sensaciones físicas son más fáciles de controlar, especialmente porque disponemos de numerosos recursos farmacológicos e incluso naturales o terapias físicas (meditación, relajación…) que nos ayudarán. **Los hechos conocidos son siempre modificables si cambiamos nuestra perspectiva sobre ellos** y el tiempo es el mejor aliado para ello.

A través de nuestras creencias condicionadas nos hacemos un modelo de lo que debería ser el comportamiento de los demás en relación a nosotros, exigiendo que actúen siempre bajo nuestro prisma y deseos. Hay en esto una proyección para la realización de nuestras necesidades a través de los demás, lo que convierte a las personas cercanas en otorgadores de beneficios. El conflicto, por tanto, surge cuando no nos otorgan aquello que necesitamos.

El modelo de lo que creemos acerca del mundo y las personas, se construye desde lo que sentimos en nuestro interior y en nuestras ideas, y cada información que recibimos del exterior se procesa desde las experiencias que hemos tenido, y nuestra respuesta emocional dependerá de lo almacenado en la memoria. Por eso, los malos recuerdos nos impulsan a caer en los mismos errores.

La mente crea esas redes sentimentales a partir de la memoria que se ha generado mediante las ideas, sentimientos, emociones y sensaciones físicas. A su vez, cada asociación de ideas o hechos genera un pensamiento o recuerdo en forma de conexión neuronal, que desemboca en recuerdos. A una sensación o emoción similar, reaparecerá ese recuerdo en forma de idea o pensamiento. Por eso hay gente que conecta "amor" con "decepción" o "engaño", así que cuando vaya a sentir amor, la red neuronal conectará con la emoción correspondiente a cómo se sintió la última vez que lo sintió: ira, dolor, rabia, etc. Si no evitamos esa asociación, esa determinada respuesta emocional, la conexión sináptica se refuerza y será muy difícil eliminarla en un futuro. Se habrá desencadenado eso que la psicología denominada como "trauma" o "fobia", que no son otra cosa que anclajes perturbadores. El error sería afianzarlos aún más mediante la repetición de los hechos que condujeron a ello.

Sin embargo, cuando aprendemos a observar nuestras reacciones y no actuamos de manera automática, ese modelo se rompe. Así pues, aprender a ver esas asociaciones es la mejor manera de evitar que se repitan: la llave es la consciencia proyectada hacia el exterior. Por eso no son adecuadas las terapias comunicativas que se realizan en un cuarto pequeño, sin luz exterior, en donde la persona parece encontrarse sin libertad, desvalido. Imaginen esa misma terapia en un parque florido, con la gente disfrutando de la vida a nuestro alrededor, y que mientras hablamos contemplamos ese mundo, buscando sin saberlo el cobijo del universo cuántico.

La razón para que se establezcan los pensamientos destructores, es que nuestras sensaciones físicas y nuestros pensamientos (emociones, creencias), desencadenan reacciones químicas que son procesadas por el cerebro. Normalmente todo está bajo control y los impulsos nerviosos llegan a todo el cuerpo de forma óptima. Pero si las sensaciones son muy intensas (dolor) o las emociones perturbadoras, **el cerebro modifica sus impulsos nerviosos sedando o estimulando los diferentes órganos y sistemas, buscando el equilibrio**. De no lograrse, se desencadena la enfermedad. Llegado a un punto de tensión, las sensaciones corporales dominan y ofuscan a los sentimientos, y ambos dificultan la labor del cerebro y su intento por estabilizar las vibraciones energéticas. Con el paso del tiempo, el cuerpo se adueña de la situación, impone su ley y de no hacerle caso alterará todas las conexiones neuronales, como si fuera un cortocircuito y poco a poco desencadenará enfermedades, al principio funcionales, luego mentales y, finalmente, físicas.

El problema es que **no sentimos como queremos, sino como percibimos**, y pedir que nuestra conciencia o mente racional tome siempre el control de nuestras sensaciones no es posible. Las señales corporales nos indican el camino de nuestra felicidad y cuando este camino es erróneo debemos pedir ayuda a la consciencia exterior, mucho más poderosa y sabia que aquella que alberga en nuestro interior. La meditación y el bloqueo intenso de los pensamientos destructores, es una labor mucho más saludable y eficaz que tomar un fármaco para sentir de modo diferente o, según sus vendedores, mejor. Anulando la sensación de un dolor de cabeza no curamos la causa, y la carencia de energía cuántica seguirá su curso en busca de una zona del cuerpo más débil que pueda ser perturbada. Cuando cerramos una puerta para no oír el fuerte sonido externo no eliminamos el sonido. Sigue presente aunque no lo percibamos, en busca de nuevos huecos donde colarse. Del mismo modo, los recuerdos destructores pueden corroer nuestros sentidos, especialmente cuando hay odio, rencor y envidias. Esta trilogía es con seguridad los peores sentimientos que albergan los seres humanos, sentimientos que no se encuentran en ninguna otra especie. Junto a ellos, la imaginación perversa puede ser incluso más destructora al no existir ningún freno. **Todo puede darse en nuestra mente si queremos que se dé**. Creamos nuestras emociones y demonios simplemente con el deseo de que ello sea sí, como si fuera una inmolación. Cuando alguien minimiza la importancia de los hechos que nos mortifican, nos enfadamos y buscamos su apoyo incondicional, ya que solamente a través de la insistencia en esos pensamientos destructores parecemos encontrar consuelo.

En conclusión, podemos afirmar que lo bueno es aquello que va en favor de nuestra supervivencia tanto individual como colectiva, y que esto es así por una mera cuestión evolutiva: si no fuera de esta forma nosotros no existiríamos. Es la única forma en que podemos aparecer en la naturaleza.

Los actos que denominamos como reprobables lo son siempre bajo nuestro punto de vista y casi siempre referidos a terceros. Los consideramos así cuando dañan la felicidad o la salud de otros. Si de esta conclusión eliminamos el concepto de moral, nos encontraremos simplemente con actos que generan a su vez consecuencias hacia otras personas. En la ley universal no existe el "derecho" a hacer daño, sino el acto en sí mismo, sin justificación. Pero cuando provocamos daño deliberado la conciencia universal nos da un toque de atención, pues ese acto está alterando el equilibrio y generará a su vez una larga serie de consecuencias. Llegado a este punto, se establece una confrontación anímica entre nuestro yo y la consciencia universal; uno justificando el acto y otro refiriendo las consecuencias. En ese momento es como si existieran dos personas dispares, cada una juzgando según su sabiduría,

aunque la consciencia universal siempre tiene razón. En ella
están presentes millones de años de evolución, millones de
experiencias y millones de actos.

Nuestros actos son como las cuerdas de una guitarra. Seis en
total, pero todas vibrando armónicamente para que exista un
buen resultado. Cuando una de ellas se desafina y aunque las
otras cinco permanezcan bien afinadas, el resultado es malo; el
acorde suena mal y tanto el ejecutante como el oyente sentirán
una sensación desagradable. La cuerda desafinada ocasiona una
falta de resonancia, al mismo tiempo que entorpece la vibración
correcta, elementos ambos imprescindibles para el desarrollo de
la energía cuántica. Y eso mismo es lo que ocurre con nuestras
acciones incorrectas, con aquello que resulta perjudicial para los
demás. Como un efecto cascada, una pequeña distorsión en
nuestros actos afectará a muchos elementos y personas,
ocasionando posteriormente una defensa de la consciencia
universal que intentará corregir nuestro error, quizá haciéndonos
pagar por ello.

Malos hábitos del pensamiento

No conocemos lo verdadero si ignoramos la causa.

La mente puede enfermar al cuerpo, pero es más fácil que sea el
cuerpo y sus sensaciones lo que provoque el desequilibrio de la
mente. Nadie enferma de la mente cuando el cuerpo duerme o
está anestesiado. Cuando hablamos de enfermedad
psicosomática nos referimos a un conflicto creado por un
proceso mental intenso y perturbador, tal y como ocurre con el
cáncer o las enfermedades autoinmunes. No obstante, la génesis
no estuvo en la mente, sino en las anteriores sensaciones
corporales incontroladas que ocasionaron la falta de armonía
mental.

El cuerpo es sensible al mundo exterior, el cual con sus
mensajes y circunstancias consigue desequilibrarlo con

demasiada frecuencia, aunque normalmente la mente racional lograr mantenerlo bajo control día tras día. Cuando ello no es posible la conciencia se aturde, no entiende los mensajes del cuerpo, pero aún así sigue intentando la estabilidad. Con el paso del tiempo esas dos partes, cuerpo y mente, entran en conflicto, se comportan como enemigos, y aparece la enfermedad psicosomática. En ocasiones son las propias células las que no logran entender nada y como ovejas asustadas ante la presencia del lobo, se mueven de forma desordenada, se hacen daño a sí mismas y hasta se olvidan de su papel en el equilibrio orgánico. Aparece entonces un desorden general que desemboca en una enfermedad.

La solución a estos desórdenes está en no pensar solamente en nosotros como individuos autosuficientes, sino en nuestra pertenencia a una especie y al conjunto del universo. **Estamos obligados a involucrarnos en el equilibrio general si queremos estar nosotros mismos en equilibrio**. Puesto que todos nuestros actos van a afectar al resto de las especies y al mismo universo, como una reacción en cadena, nuestro pensamiento debe estar siempre dirigido a nuestra misión en la vida, no a nuestro exclusivo beneficio.

El proceso neurótico se inicia cuando las necesidades básicas no son satisfechas durante un tiempo, y nos estamos refiriendo a las necesidades corporales y las de integración. Un recién nacido no sabe que tiene que ser cogido en brazos cuando llora o que no debe ser destetado demasiado pronto. Al principio hará todo lo posible para satisfacer sus necesidades, entre ellas la pertenencia al mundo externo. Llorará y pataleará para que se atiendan sus necesidades, para sentirse parte integrante, pero si estas continúan sin ser satisfechas, o bien sufrirá un dolor continuo hasta que sus padres las satisfagan o se apartará de su dolor desconectándose de su necesidad. Esta separación de sí mismo, de sus necesidades y sentimientos, es una maniobra instintiva para evitar un dolor excesivo. Esto no significa sin embargo que las necesidades no satisfechas desaparezcan, sino que por el contrario, continúan de por vida presionando inconscientemente, pero constantemente.

En este proceso, el individuo aprende a perseguir algún tipo de satisfacción sustitutoria. Un niño que es destetado muy pronto y que pierde por tanto la conexión física y cuántica con su madre, aprende cómo desviar y canalizar sus necesidades reales hacia otras personas simbólicas. Cuando sea adulto puede que no sienta la necesidad de chupar del pezón de su madre, pero puede ser un empedernido fumador.

La felicidad

Si algo hace que me sienta bien, debe ser una buena cosa.

La psicología se empeña presuntuosamente en dar normas y pautas para alcanzar la felicidad, pero la sola intervención del psicólogo y sus creencias ya condiciona la respuesta del doliente. La psiquiatría va más allá en su presunción de conocer la complejidad de la mente humana, y se basa en el concepto erróneo de los pensamientos y las emociones como problemas químicos, recetando productos químicos que deberían restaurar las emociones alteradas. Por eso deben poner un nombre a los datos que cuenta el enfermo, e ir a continuación en busca del remedio químico que se ha diseñado para este mal. Si no hay nombre –etiqueta- no pueden encontrar el remedio. Ellos lo llaman "diagnóstico", pero realmente no han percibido apenas más de lo que el enfermo cuenta.

Si existiera realmente una zona en nuestro cerebro donde se almacenaran las emociones, los sentimientos y las vivencias, seguro que alguno de sus aparatos exploradores ya la hubiera encontrado. Además, ¿qué ocurre con toda la información acumulada en una persona a lo largo de su vida? Resulta imposible acceder a ella en una sala de consulta. Una simple conclusión filosófica (**¿por qué los psiquiatras no estudian filosofía?**) nos dice que la naturaleza no desperdicia nada, y que busca siempre la transformación y el cambio, además de la utilidad. Detrás de toda emoción intensa tiene que haber una utilidad, por eso **cuando se emplea la química para modificar las sensaciones, lo único que se consigue es cambiar los recursos corporales y aturdir al cerebro**. Sus efectos aparentes hacen creer que todo va mejor y que esa persona ha controlado ya sus sensaciones. Pero si el origen de la consulta estuvo en el miedo a la oscuridad, por ejemplo, ningún medicamento puede tener tal precisión que llegue a todas las zonas del cuerpo y quien antes era miedoso ahora es atrevido. Tal ingenuidad, sin embargo, ha mantenido a cientos de psiquiatras bien alimentados.

No podemos sentir las emociones a voluntad. Intente sentir miedo contemplando una bella flor, o paz mirando cerca la erupción de un volcán. Eso le indicará que no podrá gobernar las emociones de su cuerpo y, más bien, deberá tenerlas en cuenta para que su mente no entre en conflicto. Nuestros cinco sentidos están continuamente conectados con el universo y con todo el conjunto orgánico, asumiendo sensaciones físicas que luego se transforman en sensaciones psicológicas. El cerebro intenta entonces racionalizar esas emociones controlándolas cuando son muy intensas. Todo este proceso ocurre diariamente y apenas lo percibimos.
Cuando las sensaciones físicas son muy intensas (miedo, ira, amor intenso…) y desbordan la capacidad orgánica para asumirlas, la mente racional bloquea esas vibraciones que le hacen daño, en un intento de estabilizarlas. Pero no puede impedir que se sigan produciendo y en ese momento la mente analítica intenta convertirse en el director de una orquesta desafinada. En este sistema se basan la teoría Gestalt, la PNL y el Método Silva, por ejemplo, pero los beneficios no son siempre sólidos. Nuestro cuerpo sigue sintiendo con la misma o mayor intensidad las sensaciones, mientras que la mente intenta controlar las más intensas (llanto, agresividad o pasión).

El resultado es un conflicto entre el cuerpo y la mente, convirtiéndose ambos en enemigos, con el resultado de que el cuerpo enferma y con él la mente. **Intente odiar a quién sus sentidos aman, y amar a quién su cuerpo rechaza, y enfermará sin remisión.**

CAPÍTULO CINCO

La mente

Nada hay en la mente que no haya estado antes en los sentidos.

Algunos teóricos de la física cuántica, entre ellos Niels Bohr, así como el propio Heisenberg, defienden que la realidad fundamental en sí misma es esencialmente incierta, que no hay un "algo" que pueda quedar claro, ni nada que pueda aclararnos nuestra existencia. Todo continúa siendo un asunto de probabilidades. Un pensamiento puede ser una partícula, una onda, puede vibrar, puede ser… todo lo que pueda ser. **Tampoco podemos predecir el futuro, salvo mediante un cálculo incierto de probabilidades**. Para nuestra tranquilidad, en muchos aspectos, la conciencia es algo más conocido y accesible que la mayoría de los fenómenos cuánticos.

Hemos comprobado que existen reacciones físicas en la conciencia, y esto nos hace pensar en muchas cosas sobre la conexión entre nuestro pensamiento y la realidad física. La conciencia sería entonces algo necesariamente interno al mundo físico y, por consiguiente, como algo inmaterial, un ente dentro de una máquina. También dejan la puerta abierta a las especulaciones sobre que la realidad sólo existe en la mente y que no existe ningún mundo si no hay alguien observándolo. ¿Quién estaba entonces mirando en el momento de la creación del universo?

Cada vez que nos decimos "yo…" damos por supuesto que un existe un "yo" consciente que está hablando y pensando. Sin embargo, en el mismo momento en que intentamos reflexionar sobre este pensamiento, algo bloquea nuestra mente. Intentar saber sobre la naturaleza de nuestra propia consciencia es algo que nos supera, y por eso nos hemos concentrado más en saber sobre nuestro cuerpo. El origen y la naturaleza de los pensamientos y de cómo los interpretamos de diferente manera, supone una incógnita. Hay una dualidad dentro de nosotros que amenaza con volvernos locos si insistimos en analizarla y entenderla. Al no existir ninguna parte anatómica o fisiológica de la conciencia, no la podemos estudiar. **Y si entendernos a nosotros es tarea casi imposible, aún lo es más llegar a entrar dentro de las consciencias ajenas**; una paradoja en un universo en el cual todos estamos interconectados. Por eso los jueces buscan afanosamente los hechos físicos, aunque hay algunos que intentan castigar el pensamiento, la intención, de los acusados.

El mayor problema es cuando queremos establecer si la mente y el cuerpo son dos cosas distintas, o dos elementos que forman parte de un mismo organismo, pero sujetos a los mismos condicionantes biológicos. Si la mente es algo etéreo e intemporal, que viene hasta nosotros simplemente de algún lugar externo y vive temporalmente dentro del cuerpo, ¿por qué queda tan afectada por las sensaciones físicas? Si forma parte indisoluble de nuestro cuerpo, albergada en las células, ¿por qué se comporta con frecuencia de modo tan perjudicial?

En tiempos modernos se insiste en que el punto del encuentro entre el cuerpo y alma es la glándula pineal localizada en el centro del cerebro. Los expertos en neurología alegan que la conciencia es simplemente una función del cerebro y que por ello puede ser modificada con medicamentos que alteren su bioquímica. La extrema debilidad del cerebro ante los traumatismos y su influencia en todo el organismo, ha sido la causa mayormente esgrimida para insistir en que todo nuestro cuerpo y mente dependen del buen estado cerebral, incluidas las emociones y sentimientos. Sin embargo, han confundido procesar datos con almacenarlos, tal y como antes se decía que las emociones partían del corazón, una creencia popular que todavía perdura.

Por consiguiente, y puesto que necesitamos la conciencia para existir o ser, no parece lógico que dependamos de ello de las simples conexiones nerviosas de la corteza cerebral. Evidentemente que nuestra conciencia y el volumen de nuestras percepciones y pensamientos dependen de estas conexiones, pero solamente nos sirven de elementos conductores, no son la mente en sí misma.

Algunos animales poseen una corteza cerebral muy primitiva y algunos humanos con la corteza dañada presentan pérdida de una capacidad específica, como el discurso, la visión o el movimiento, pero siguen siendo conscientes, de modo similar a los recién nacidos. La conciencia en sí misma, que incluye la capacidad general de percepción y la actividad, debe aparecer por algún mecanismo físico elemental, primitivo, y como tal elemento tiene que poseer energía propia, energía cuántica, por supuesto. Una vez admitidos ambos principios -la presencia de la conciencia en todo el organismo, y su energía cuántica-, es cuando entenderemos que forzosamente tiene que estar conectada con la gran consciencia universal externa.

La mente del hombre actual ha quedado presa del tiempo, una simple magnitud física que permite ordenar los sucesos en secuencias, dando lugar al principio de causalidad. Concebido más acertadamente como un flujo sucesivo de situaciones proyectadas en la realidad, no podemos considerar por tanto que exista. El ser humano ha establecido el concepto del tiempo para organizarse, y para ello lo interpreta como una línea recta, con pasado, presente y futuro, con lo viejo y lo nuevo, según su concepción. Pero si evitamos asumir ese concepto que intentamos medir con el reloj y el calendario, nos encontramos conque **en la naturaleza, en el universo, solamente hay cambio, sin que nada reemplace a nada**. Lo que estaba allí, sigue estando, ocupando otro lugar en el espacio, pero con nueva forma y utilidad. Esas moléculas, esas partículas, nunca han envejecido y ni siquiera nacieron de la nada, pues estaban siempre presentes. Han cambiado de aspecto y de lugar, posiblemente para tener todas las partículas la misma oportunidad en el ciclo de vida universal.

Y si nada en el universo retrocede en nuestra concepción del tiempo, sino que cambia, el pasado no nos debe servir de experiencia y ni siquiera de escarmiento, pues **el mundo del ayer que vimos en nuestra mente no existe, ni en la más pequeña molécula**. ¿Por qué utilizar algo anterior como referencia, si cuando hacemos esta reflexión ya no somos los mismos?

La vejez y la mente

Nadie envejece por vivir; sólo por perder interés en vivir.

De acuerdo con la visión clásica de la medicina, todos los seres vivos estamos abocados al envejecimiento y el deterioro, pero la historia nos ha demostrado que los mejores sabios fueron personas muy ancianas, que **la sabiduría va en aumento con el tiempo**. Por eso, la madurez es un período de la vida en que el mundo es percibido en su totalidad, es decir que se establece una mejor conexión entre el interior orgánico y el exterior.

Si una persona ejercita el cuerpo, su musculatura se mantendrá fuerte y su vitalidad permanecerá intacta a lo largo de su vida, aunque disminuya algo su capacidad de resistencia. Sus células musculares, los miocitos, solamente tenderán a la inmolación (apoptosis) cuando estén dañadas y necesiten renovarse. Aún así, las nuevas células procurarán mantener el equilibrio anterior a su deterioro. Asimismo, el corazón humano cambia con la edad, perdiendo su elasticidad, bombeando menos volumen de sangre por latido, pero las enfermedades del corazón y el endurecimiento de las arterias, fenómenos considerados absolutamente normales con el avance de la edad hace tan sólo unas décadas, parecen hoy evitables, siempre y cuando la dieta y el estilo de vida sean los correctos. Lo que se pretende es un cambio orgánico reversible, hacia el estado anterior al deterioro celular, y esto implica el concurso de la mente. Lo que hace interesante la teoría antienvejecimiento (léase MEDICINA ANTIENVEJECIMIENTO de Ediciones Masters) es que no solamente se trata de un proceso orgánico, sino que debe ser la unión entre el comportamiento de la conciencia y la vida saludable. Así que un psicólogo debería saber qué parte del estado emocional de su paciente le interesa más, si sus actitudes, sus creencias más profundas o las sensaciones corporales.

CAPÍTULO SEIS

Relación con la consciencia universal

¿Por qué estamos inmersos en un mundo tan conflictivo?

Con demasiada frecuencia, el propio idioma se convierte en un freno para la expresión del pensamiento. **Sabemos lo que pensamos y sentimos, pero no siempre encontramos las palabras que lo definan** para que otra persona pueda entender e involucrarse en nuestro pensamiento. Así ocurre con el término "conciencia" y mucho más con el de "consciencia universal", dos términos que ya han sido descritos de modo impreciso a lo largo de este libro.

Según la aceptación más académica, la conciencia (frecuentemente confundida con la consciencia o 'conocimiento compartido'), se define como el conocimiento que un ser tiene de sí mismo y de su entorno, lo que implica a varios procesos de la mente. Mediante ella y su ejercicio, sabremos sobre nosotros mismos, de nuestra existencia, estados o actos. También se aplica a lo ético, a los juicios sobre el bien y el mal de nuestras acciones. Para muchas personas supone la diferencia con el resto de las especies, a las que hemos quitado sin motivos razonables "su conciencia". Ello obedece a la creencia del ser humano como especie más evolucionada, pero posiblemente esto se deba más a conceptos religiosos que científicos.

La *consciencia* sería una evolución de la *conciencia*, refiriéndose al despertar de la consciencia, de algo que permanece dormido o en estado latente, esperando que un suceso o alguien lo despierten. En algunos casos asoma casi sin querer, en otros es buscada a través de caminos filosóficos y metafísicos. Por eso los cirujanos hablan de que el enfermo posanestesiado ya está *consciente*, explicando con ello que ya está conectado con él mismo y los elementos externos.

Así que, para resumir, estableceremos la siguiente conclusión con un ejemplo: cuando nos anestesian perdemos la *conciencia* (de nuestros actos, sentidos y sensaciones); cuando nos despertamos retomamos los mensajes del universo, lo que significa que activamos de nuevo la *consciencia*. La *conciencia* sería, pues, una cualidad intrínsecamente física, de las sensaciones y emociones, mientras que la *consciencia* supone la conexión con el universo.

La conexión universal

Para comprender la razón de vivir, deberás sentirte unido al universo.

Para unos más presente que para otros, lo cierto es que más allá de nuestra propia voluntad la consciencia nos conecta con todas las cosas que habitan en el universo, incluso con aquellos elementos que denominamos como inorgánicos. Podríamos decir que estamos conectados por esta energía universal e infinita que renombraremos desde ahora como la consciencia vital o universal. Así que primero tendremos que descubrir nuestra propia consciencia, con la cual estaremos aptos para ver más allá y descubrir así la consciencia de los otros y la del mundo que nos rodea.

La consciencia es una percepción que nos permite conectarnos con el entorno y los acontecimientos, con lo que, en lugar de observador, el ser consciente participa de cualquier manifestación de la realidad. A partir de esto se puede deducir que cada uno de nosotros, lo sepamos o no, estamos creando y participando en la realidad que vivimos a través de nuestra conciencia manifestada en pensamientos, palabras y actos, que en última instancia son elecciones de las cuales depende el resultado.

El mundo material –el mundo real- ejerce una poderosa influencia entre nosotros, del cual solamente nos podemos apartar mediante la consciencia. ¿Podemos cambiar nuestro entorno mediante los actos físicos, o depende solamente de los mentales? Si nuestro ser consciente es totalmente diferente de nuestro ser material, y si la conciencia no tiene ningún papel para mantener la obra del universo ¿qué papel cumple la física de Newton con los procesos de la mente? ¿Somos acaso extranjeros físicos en un mundo mental que no nos tiene en cuenta? Eso no es posible, si entendemos el cosmos como un todo al que otras personas definen como dios. Así que debe existir una unidad de consciencia o identidad suprema, la cual constituye la naturaleza y condición de todos los seres, aunque la condición humana de establecer fronteras impida esta unidad.

Este error ha originado que establezcamos diferencias por sexos, países, formas de pensar o políticas y, con mayor intensidad, de especies, siendo la clase médica la más interesada en ello al diseccionar el cuerpo humano y animal en diferentes partes. Sus tratamientos son una prueba del empeño en establecer diferencias, en lugar de encontrar la conexión.

Así que efectuamos una división artificial en base a lo que percibimos: sujeto frente a objeto, vida frente a muerte, mente y cuerpo, dentro y fuera, razón e instinto, y así recurrimos a una separación que ocasiona que unas experiencias interfieran con otras y exista un enfrentamiento entre los distintos aspectos de la vida.

La unidad social no debería consistir en el pensamiento unificado, de la *conciencia única,* sino en una expresión colectiva que permita que el conocimiento alcanzado sea fruto de la experiencia común, en la que cada sujeto es protagonista y aporta, con sus vivencias, un matiz diferente, un dato más para añadir a la sabiduría universal. No somos los espectadores de un campo energético unificado; somos el campo unificado. Cada persona es un ser infinito, no limitado en el espacio y el tiempo, pero para liberarnos de nuestro cuerpo físico, hemos de proyectar nuestra consciencia. Cada pensamiento que atraviesa la mente genera una onda en el campo unificado, formando círculos más y más amplios. Aunque no irradiamos fotones como la luz, nuestra consciencia genera energía cuántica.

El concepto de unidad social ha sido, sin embargo, y como una paradoja, el factor determinante de la exclusión de las personas en la consciencia universal. Considerados como valores benéficos la moral, la espiritualidad y la ética, **nuestra sociedad parece haber encontrado nuevas formas de exclusión, en lugar de unificación**. Muchos de los viejos valores se han unido a las leyes humanas apartándose de las cósmicas, y se han considerado incuestionables, como ahora se considera no cuestionable cambiar una democracia por una dictadura. Así que la consciencia universal ha sido cambiada por el pensamiento social unificado, en donde el bienestar se asocia con el pensamiento unidireccional. **La gran mayoría de las personas están obligadas a pensar de modo similar si no quieren ser excluidas y en ocasiones recluidas**.

Dice un proverbio que es más fácil engañar a mil personas desunidas que a una sola y algo similar describe James Surowiecki, en su libro "The Wisdom of crowds", quien explora la capacidad de los grupos para tomar decisiones. Cuando se planteó a un centenar de personas unidas por una causa un problema a resolver, la respuesta media fue al menos tan buena como la respuesta de los miembros más inteligentes de ese mismo grupo. Se podría decir que es como si hubiéramos sido programados para ser colectivamente inteligentes. Paradójicamente, la mejor manera para que un grupo se comporte de modo inteligente es que cada persona de ese grupo piense y actúe con la mayor independencia posible.
Los grupos son buenos, pero no como un pensamiento único, rígido. **El pensamiento unificado funciona cuando hay diversidad entre los elementos de un grupo**. Esto les permite posibilidades muy amplias y el encuentro con lo inexplorado.

A medida en que el ser humano alcanza mayores logros científicos, las preguntas metafísicas se realizan con mayor insistencia y cíclica en nuestras conciencias, en un intento de buscar explicaciones para comprender y a la vez explicar. Este proceso, que es colectivo, intenta conectarse con la consciencia universal a través del alma, consciente de nuestra pertenencia en el Universo, pero la mente racional no lo entiende y bloquea estas percepciones. Es como un ignorante que desprecia la música clásica porque no la entiende.

En el devenir, el universo se perfecciona en un intento de alcanzar la plenitud que le es exigida por el simple hecho de estar, sin que exista nunca la posibilidad de poder entender la razón de su existencia. La intriga por conocer nos motiva a aprender, aún a sabiendas de que el aprendizaje no tiene fin y que otras generaciones intentarán completar lo que no es posible.

Despreciar, cuando no perseguir, las reflexiones metafísicas y religiosas, ha ocasionado la pérdida del deseo de conectarse con la consciencia universal. **Políticos y gobernantes han encontrado la mejor forma de controlar la mente de las personas**, aunque ellos insisten que se trata de libertad de pensamiento. Si escuchan a nuestros políticos, ninguno de ellos habla ya de metafísica, de filosofía, ni de espiritualidad. Solamente buscan su bienestar y el de los ciudadanos a los cuales sirven a través de los bienes materiales, del trabajo y el dinero.

Medicina ortodoxa vs. cuántica

Somos simplemente una unidad energética que dispone de un cuerpo para moverse.

La conciencia es una fuerza infravalorada y se cree que es una aptitud mental, una conexión voluntaria con alguna zona de nuestro intelecto. Solemos descuidar la percepción interior y nos olvidamos de su verdadero poder, aunque estemos pasando por las fases más penosas de una crisis. Esto vale también para curaciones milagrosas de las que nos previenen los recetadores de productos químicos, celosos de que algo nuevo y desconocido les haga sombra. Por que ese es el origen de la animadversión de la medicina química hacia las terapias naturales: los celos profesionales y el deseo de ser ellos los únicos que puedan curar, y ganar prestigio y dinero, mucho dinero.

Los psicólogos, a su vez, también insisten en que no acudamos a charlatanes que nos aseguran curarnos rápidamente de nuestras fobias o miedos, insistiendo en que las anomalías mentales deben ser curadas por expertos titulados en sus universidades. Pero es que parten de un error básico que hace a su profesión inaceptable: **hablan de enfermedades mentales, cuando solamente hay peculiaridades de la personalidad**, cada cual con la suya. Establecen un patrón de lo que es "normal" y todo aquello que no sea normal, entendiendo como lo habitual, es considerado una patología a corregir. La diferencia se contempla como anomalía. Según vemos, ahora hay tantas "enfermedades y trastornos mentales" que es imposible que no estemos todos incluidos en alguna de ellas. Y para cada una de ellas ya hay un remedio a la venta.

Como ciencia, la psicología registra las interacciones de la personalidad en sus tres dimensiones: cognitiva, afectiva y comportamiento, a las que se pueden sumar las dimensiones moral, social y espiritual (creencias místicas) de la experiencia humana. Estudian básicamente la mente, según ellos el resultado de la actividad del cerebro, en un intento no demostrable de localizar la actividad pensante del individuo en regiones concretas, tales como el hipocampo. Así justifican la utilización de fármacos que ceden o estimulan sustancias químicas que cambiarán nuestros pensamientos, olvidando que todo nuestro organismo es el almacén de las emociones, sensaciones y sentimientos, no una determinada zona corporal. Es en los millones de células que componen el ser humano donde están distribuidos todos nuestros pensamientos. Esta es la mente real. Cuando algún grupo de células queda alterado, por enfermedad física o influencia del entorno, nuestro intelecto, el consciente o el inconsciente, produce una desarmonía en su energía vibratoria, lo cual, a su vez, genera problemas físicos en las diferentes zonas corporales. Para restablecer este desequilibrio vibratorio se puede utilizar otra vibración de distinto calibre o intensidad, así como ejercicios corporales que dejen en suspenso este fenómeno, al menos hasta que el organismo encuentre de nuevo su equilibrio. También existen remedios naturales que logran este efecto, como la homeopatía, las sales de Schüssler o las flores de Bach. La frecuencia vibratoria emitida por estos remedios, logran estabilizar en la mayoría de los casos las molestias psicológicas.

No obstante, todos nosotros poseemos una conciencia y lo que denominamos milagros posiblemente sean extensiones de nuestras habilidades o una conexión con la energía externa. Ese sería un hecho importante en el restablecimiento de la salud, aunque **diariamente nuestro propio organismo realiza millones de pequeños milagros para mantenernos con vida y salud**. El proceso de curación y reparación es, sin lugar a dudas, tan complejo que la medicina apenas sabe explicarlo y sus intentos por imitarlo están condenados al fracaso. Demasiados elementos, entre ellos la mente, intervienen juntos como para que pueda existir un fármaco que realice la misma función. No obstante, una planta medicinal quizá sí pueda imitar la labor del propio cuerpo, pues, a fin de cuentas, se trata de un elemento orgánico con vida propia, con información.

Aparentemente, los pacientes que logran vencer una enfermedad han aprendido a estimular el poder curativo, tal y como sucede con los niños pequeños que desarrollan poco a poco un sistema defensivo óptimo a base de ponerse en contacto con los microorganismos patógenos. Tal vez esto es lo que denominamos como **curación cuántica, un proceso natural**

que moviliza las vibraciones en busca de zonas corporales desajustadas. La medicina moderna no sabe aún reproducir estas curaciones, quizá por que no utiliza las vibraciones cuánticas, ya que hasta la fecha ninguna curación debida a la ingestión de drogas o la intervención quirúrgica ha sido tan precisa, ni tan sutilmente cronometrada, ni tan hermosamente coordinada, ni tan benigna y libre de efectos secundarios, ni tan útil como la propia. Esta peculiar capacidad nace en el nivel más hondo que pueda alcanzarse. Si supiéramos qué ocurre en las células cerebrales cuando logran coordinar y motivar el cuerpo de esa forma, conoceríamos y controlaríamos la unidad básica del proceso curativo. Pero, de momento, la medicina no ha dado ese salto cuántico y la palabra quantum continúa sin tener aplicaciones clínicas.

Teniendo en cuenta que la física cuántica trabaja con aceleradores de partículas ultrarrápidos, podríamos imaginar que la curación cuántica habrá de echar mano de radioisótopos o rayos X, pero esto significaría que nuestros científicos no han entendido nada. La curación cuántica se mueve en un campo al margen de los métodos exteriores y de alta tecnología, y dedica su atención al mismísimo núcleo del sistema mente-cuerpo, pero también traspasa los límites del cuerpo y emplea las vibraciones mentales (otra manifestación cuántica) para conseguir la curación.

También busca armonizarse con el resto del mundo, e incluso con el cosmos, aunque **pedir a un médico que considere la importancia del universo en la curación de su paciente, es pedirle que reniegue de lo aprendido en la universidad**. Pero precisamente en este punto es cuando se inicia el proceso de la curación. Para alcanzar ese núcleo y aprender a estimular una respuesta de mejora física, debemos traspasar todos los niveles más elementales del cuerpo, ya sean células, tejidos, órganos y demás sistemas, hasta alcanzar el punto de encaje entre la mente y el cuerpo físico.

Visión cuántica de la sociedad

Todo hombre debe decidir una vez en su vida si se lanza a triunfar arriesgándolo todo, o se queda a contemplar el paso de los triunfadores.

Con la física cuántica empezamos a entender que la realidad que observamos ni está dividida, ni es previsible. El universo visto desde la física cuántica no tiene fronteras, ni se puede medir con exactitud cómo va a comportarse. La conducta humana sigue las mismas directrices, pero nosotros tratamos de predecir el futuro de las relaciones mediante la sencilla ley causa-efecto. Puesto que todo acto tendrá un efecto en cascada y hasta un efecto mariposa, podemos evaluar cuáles serán las consecuencias de todos nuestros actos. No obstante, seguirá presente el principio de incertidumbre que determina que no hay nada seguro, solamente probabilidades de que lo sea.

En el comportamiento de un sistema sólo existen probabilidades, aunque no nos impide hacer conjeturas. Con la enunciación de su principio de incertidumbre, Heisenberg puso de manifiesto las limitaciones de la física clásica, pero **nos dejó una esperanza cuando admitió la posibilidad de cambio y de construcción de nuevas realidades**. También nos enseñó que no estamos separados del resto del universo como habíamos creído y que el mundo no es algo que permanece inactivo allá afuera. Por el contrario, es un brillante campo de continua creación y transformación. Si proyectamos filosóficamente las conclusiones de la mecánica cuántica, podemos afirmar que no sólo influimos en nuestra realidad, sino que, en cierta medida, la creamos. Es decir, podemos afirmar que materializamos ciertas obras y realidades en la sociedad porque elegimos realizarlas. Pasamos de ser simples espectadores de la vida universal a participantes.

Desde estas aportaciones teóricas, podemos precisar que los resultados sociales son causa y efecto de la experiencia individual y colectiva. **Los seres humanos en realidad lo que hacemos es enviar información**, y lo hacemos mediante la palabra, los gestos o nuestras acciones. Si esta información es la adecuada, también lo será la respuesta. Por tanto, cuando decimos "no me entiendes" en realidad deberíamos decir: "he enviado un mensaje erróneo, lo volveré a intentar". En este intercambio informativo hay mucho de espontáneo y también de deliberado, pero ambos no son percibidos por el sujeto emisor. Aunque intentamos que la persona receptora capte lo que pensamos, sabemos que **no somos como deseamos ser y ni siquiera como creemos ser, sino como nos ven los demás**. El problema de ello radica en que hay demasiados millones de células dentro de nuestro cuerpo enviando mensajes a través del RNA, como para que nuestro insuficiente cerebro pueda controlarlas. Las vibraciones cuánticas llegan sin el concurso de nuestra mente y son recibidas y analizadas por otros millones de células, cada una de ellas con su ADN repleto de información.

Cada experiencia de vida se va construyendo con cada una de nuestras acciones, entendiendo estas como actos conscientes e inconscientes; voluntarios e inducidos; físicos y mentales. De esta manera, también podemos percibir que cada presente es una captación instantánea de todos los presentes, los cuales interpretamos con los recursos cotidianos y limitados de nuestra mente.
En consecuencia, cualquier comunidad, en cualquier momento presente, es producto de los factores que se mueven en ese instante y que configuran la realidad económica, política, cultural... Al moverse dentro de un mismo organismo planetario, las personas se comportan del mismo modo que lo hacen el resto de los organismos, y este sería el modo mediante el cual podríamos predecir el futuro, al estar todos sujetos a las mismas leyes de la materia cósmica que se encuentra en el universo.

Sabemos con bastante precisión que el concepto humano de sociedad se puede extrapolar a las hormigas, primates y abejas, al tratarse de grupos numerosos que se organizan de forma similar a los humanos. Pero esta obsesión por comparar a las demás especies con los humanos resulta insuficiente si pretendemos entender cómo está organizado el universo. No obstante, el nexo de unión podría ser el de pertenencia a una especie y la colaboración entre los individuos que la constituyen. De este modo, **hasta los peces y los árboles del bosque podrían entrar en nuestro concepto de "grupo social"**. Admitida esta clasificación, solamente nos quedaría por reagrupar a todas las especies existentes, sin consideración al lugar, tamaño o características que las conforman. Una vez reagrupadas, la colaboración entre ellas sería un instinto "natural", tal y como los seres humanos parece que estamos aprendiendo con respecto a la diversa biología que existe en el planeta Tierra.

Toda esta reflexión nos hace descubrir las contradicciones que existen entre las ideas que sugiere el nuevo conocimiento de la psicología cuántica y las creencias que existen sobre lo que conocemos y cómo lo conocemos. En primer lugar, el sujeto se siente el "observador de la realidad", pero no de la suya, sino de aquella que está fuera de sí mismo y que puede juzgar con cierta objetividad, al menos cuando se trata de la naturaleza o el cosmos. Pero esta dualidad, lo que está dentro y lo que está fuera, es un todo que no se puede fragmentar para ser explicado, ni tampoco es adecuado cuando pretendemos mejorar nuestra relación social. **Al individuo, lo que le preocupa no son sus sensaciones y emociones, sino cómo estas características le permiten estar en grupo y las respuestas de los individuos de esos grupos**. Esto ocasiona tantas posibilidades de expresión, que en ocasiones le aturde y no le permite interactuar con serenidad y objetividad. Demasiada información para nuestra limitada mente. Debe haber otro sistema más eficaz para poder conducir nuestra existencia.

Para la física cuántica, cualquier realidad es posible, pero es el observador quien la determina con su interacción con las "partículas" (personas) del sistema y el contexto. Así que se trataría de pertenecer a la estructura social sin cuestionarla. Una vez razonada, solamente será cuestión de hacernos entender. Por desgracia, la rigidez de los pensamientos dificulta nuestra capacidad de conocer y nos impiden acceder a una comprensión mayor sobre el entorno social cuántico. Los científicos estarían, en este aspecto, mucho más condicionados que los filósofos, ya que **el científico busca resultados, el filósofo solamente respuestas**.

La divinidad

El reconocido científico Isaac Newton no concebía el cosmos como la creación de un Dios. Alegaba que no podía ser posible que hubiera creado a tantas criaturas para luego ausentarse y dejarnos solos. No había razón humana para entender este despego. Así que buscó otras alternativas en las que hablaba de los átomos que integraban el mundo y de un espíritu que era el mismo para todas las cosas y que hacía posible pensar en la existencia de un único principio general que lograba el orden cósmico. Pero otro científico le corrigió -Albert Einstein-, cuando describió el comportamiento de todos los objetos del universo, desde las partículas subatómicas hasta los cuerpos estelares, y lo hizo acuñando el término de mecánica cuántica. Desde sus postulados todo pareció cambiar, aunque tales investigaciones, que ocuparon el resto de su vida, resultaron infructuosas y acabó por acarrearle en su momento el alejamiento respecto del resto de la comunidad científica.

Así que a pesar de los científicos reconocidos por la historia, la existencia de la consciencia y de Dios, siguen siendo un problema. ¿Qué es, por qué existe el mundo y cómo, de hecho, puede existir? Algunas respuestas a estas interrogantes son necesarias para comprender la vida, aunque ahora nos parece más práctico conocer las células, al menos su parte física. Sin embargo, el ser humano insiste en encontrar el significado y el propósito de la vida, y qué papel cumple un solo individuo en el universo.

La consciencia parece intervenir en nuestros modelos del pensamiento y en nuestra relación con nosotros mismos, con los otros y con el mundo en su conjunto, y quizá pueda ser explicada del mismo modo que lo hacemos cuando hablamos de protones y electrones. Esa es la razón de la psicología cuántica.

CAPÍTULO SIETE

Sentimientos

Cada vez que pensamos algo, se genera una vibración que interactúa con estructuras armónicamente resonantes de nuestras células, y de esta forma atraemos a nuestras vidas aquello en lo que más pensamos.

El quantum es una palabra técnica que, en su día, sólo conocían los físicos, pero con el tiempo el término se ha introducido en el habla popular, aunque pocos sabrían explicarlo como lo hizo Stephen Hawking: *Un quantum es una unidad indivisible donde las ondas pueden ser emitidas o atraídas.* O también que toda forma de energía se origina en el quantum y no pueden dividirse en unidades de menor tamaño.

Ambas definiciones tratan de aplicarse al concepto de "curación cuántica" para describir lo que puede suceder. Aunque el término sea nuevo, el proceso no lo es y siempre ha habido pacientes que no siguen el curso normal del proceso curativo. Una minoría, por ejemplo, no parece debilitarse con la aparición del cáncer; otros alcanzan reconocimiento mundial gracias a sus facetas esquizofrénicas; y algunos logran establecer la paz simplemente con la oración. El salto a un nivel cuántico se puede producir simplemente con el pensamiento, con la fuerza de las emociones y los sentimientos adecuadamente encauzados.

¿Dónde residen los sentimientos? ¿No apretamos los dientes cuando estamos agresivos? Nuestros ojos se entornan y se frunce el ceño con la ira; el corazón se encoje con el desamor; la nariz se irrita lo mismo que los ojos con la tristeza; el estómago sufre un espasmo con la tensión; la piel suda con la angustia; la respiración se detiene con la ansiedad; las piernas tiemblan en las encrucijadas; y el cuerpo se mueve en todas las direcciones ante la duda. ¿Por qué hay alguien que todavía insiste en que todo está en la mente? Las reacciones corporales son el reflejo de nuestros verdaderos sentimientos, pero la gente sigue acudiendo al psiquiatra para que le ponga en orden sus emociones.

La conciencia es de todas las cualidades humanas la más infravalorada y la más poderosa al mismo tiempo. Paralelamente a ella, la consciencia que nos comunica con el mundo exterior es olvidada a favor de nuestras emociones internas, de las cuales somos presos habitualmente. Incluso aunque estemos pasando por la peor de las crisis, nuestros pensamientos solamente se dirigen al pequeño mundo interno. Los terapeutas del pensamiento nos obligan a reflexionar con los ojos cerrados, a concentrarnos de nuevo y con mayor intensidad en nuestro mundo interior. Nos recomiendan el silencio, la ausencia de elementos externos, de luz, y hasta del tacto, para lograr concentrarnos intensamente en nuestros pensamientos internos, los mismos que queremos ordenar. Así, con esta interiorización, no habrá manera de conectarnos con el mundo exterior, ese universo cuántico que posee la experiencia y sabiduría de todos los seres que pueblan y han poblado la tierra. Tanta información disponible y la estamos bloqueando deliberadamente.
Cambien ahora de lugar, de posición y de planteamiento. Acudan a un lugar en pleno bosque, una playa, la montaña o cualquier sitio en el cual la naturaleza esté pujante y vigorosa. Ahora recree sus pensamientos hasta entonces dolorosos y confusos, y en pocos minutos habrá encontrado la salida o solución a su encrucijada. El mundo exterior le habrá transmitido su amplia sabiduría y regresará a su vida cotidiana como si hubiera pasado por la consulta del mejor de los psicólogos.
La percepción interior es valiosa, indudablemente, pero muy pobre comparada con la exterior. Es la misma diferencia que existe entre curarse de una grave enfermedad en una habitación cerrada e iluminada solamente por la luz artificial, o hacerlo en

un lugar iluminado por el sol y adornado con el sonido y los olores de la naturaleza. Puesto que todos nosotros poseemos una conciencia ¿por qué no sacarla para mezclarnos con la sabiduría del universo?

A través de nuestros sentidos corporales se generan las sensaciones, y esta información se unirá a los sentimientos y será almacenada en las células. Cada una de ellas posee su propio ordenador que le permite conectarse con las otras, por lo que la enfermedad o la salud de cada una de ellas terminarán afectando a las otras. Sin embargo, esta misma comunicación genera un movimiento de solidaridad entre las diferentes células, ayudándose unas a otras, lo que permite que la energía cuántica de la mayoría se transmita hacia las células que necesitan ayuda. El corazón, con su rítmico latido, proporciona la sincronía vibratoria para que estos hechos se produzcan día a día, ya que **el fin primordial de todo ser vivo es su propia supervivencia**. El cerebro, plenamente conectado al conjunto celular, desencadenará las adecuadas reacciones químicas para que la solidaridad celular pueda ser eficaz. El concepto de medicina holística vino a demostrar que con frecuencia **es mejor actuar fortaleciendo al organismo en su conjunto, que centrarnos en la curación del órgano dañado**.

Así que, y una vez demostrado que las sensaciones corporales crean nuestros sentimientos y estos generan los pensamientos, podemos revertir el proceso mediante el siguiente proceso: modificamos nuestros pensamientos (especialmente cambiando nuestro punto de vista), los cual cambiarán los sentimientos (la PNL y otras terapias de control mental serán útiles), y luego se controlarán las sensaciones corporales (las técnicas de relajación son una buena ayuda). Al final, y por un acto simplemente mental, podremos tener las sensaciones físicas bajo control.

La estructura física del cuerpo refleja a largo plazo los pensamientos y a corto plazo los sentimientos, y les da una forma proyectada reconocible, pero la mente no queda atrapada en esa estructura de carne y huesos, saliendo al exterior continuamente para aprender y al mismo tiempo participar en el equilibrio universal. Nuestra apariencia física será la consecuencia de nuestros pensamientos, mostrando así un lenguaje no verbal que es fácilmente detectable.

Si pudiéramos considerar el cuerpo como realmente es, veríamos un proceso constante de cambio mezclado con un completo no-cambio, de estabilidad. Es como una casa cuyos ladrillos se van sustituyendo continuamente, o una escultura que se modifica diariamente, pero sin dejar de ser ella misma. El obstáculo con el que se topa la medicina, tal como la conocemos hoy, es que considera más al ser humano como un conjunto de órganos y sistemas donde se efectúan fenómenos químicos, que un ser orgánico que debe funcionar energéticamente. Pero ahora, habiendo entendido el plano cuántico, tal vez podamos reunir ambos conceptos en una sola noción que abarque nuestra verdadera y doble esencia, una mente que dispone de un cuerpo orgánico para desplazarse. Sin el concurso de la mente, de la conciencia celular, no sería posible la vida, pues no habría razón para la existencia. **Vivimos porque queremos vivir, no porque necesitemos vivir.** Y este papel decisivo se manifiesta de forma igualmente intensa en el transcurso de las enfermedades. Con frecuencia, los males que nos aquejan son solamente procesos de cambio, crisis necesarias, como cuando pintamos nuestra casa a pesar de que ello nos produce un trastorno pasajero. Ahora bien, ningún organismo podría sobrevivir a un cambio continuado e intenso.

El intercambio energético entre las diferentes partes de nuestro cuerpo y mente seguirá conformando nuestro conjunto orgánico, y esto lo lleva haciendo desde la primera vez que pronunciamos una palabra. Quizá no la recordemos, pero el concepto sí lo está. Afortunadamente no es necesario estar pensando constantemente en los millones de informaciones almacenadas, pues cuando queramos recuperar algo allí estará. De no ser posible, lo más probable es que la abundancia de datos nos está confundiendo, y no es posible seleccionar el que nos interesa. El silencio, por extraño que parezca, es uno de los sistemas más eficaces para rescatar datos.

El aparato digestivo tiene unos 600 millones de células neuronales, por lo que es considerado como el segundo cerebro organizativo de los pensamientos. **Cuando comemos estamos asimilando también "el pensamiento" del alimento**, no solamente sus nutrientes. Esta es una de las razones por las cuales los grandes místicos se hicieron vegetarianos, y los guerreros comedores de carne.
El vegetal no es un depredador, se integra en su hábitat y cede continuamente parte de su composición a los organismos de su alrededor. El animal, por el contrario, suele ser depredador, mata simplemente para que no le molesten o quiten su comida, y durante toda su existencia manifiesta su agresividad.

Hemos creído que nuestro cerebro es capaz de configurar una hermosa frase, pero si lo analizamos mientras escribimos una poesía no encontraremos nada más que señales nerviosas y alguna manifestación química. Nada distinto a cuando hablamos, corremos o comemos. Sin embargo, lo que configura esa escritura está trabajando activamente para darle una bella forma y ese proceso, que en principio nos parece sencillo, involucra a millones de procesos celulares. Nuestro cerebro solamente organiza los datos, no los elabora. Es más, y puestos a quitarle protagonismo, ni siquiera controla todas las funciones corporales, pues su sistema neuronal no puede cubrir todas las necesidades. Si pensamos en el proceso que se origina cuando vamos conduciendo y se nos cruza un perro en la calle, con la subida de adrenalina, la tensión muscular, el manejo simultáneo de pies y manos, y la toma de decisiones en milisegundos, nos daremos cuenta que nuestras neuronas apenas si pueden esbozar las primeras reacciones. Dotadas de una velocidad máxima de 320 kilómetros por hora, es imposible que puedan llegar a tiempo a efectuar tantos miles de elementos puestos en acción. Nuevamente, la actividad celular con su complejo ADN, el RNA dispuesto a ceder la información, y la membrana celular que efectúan el intercambio entre células, hacen el milagro de comunicarse entre ellas y desencadenar las reacciones necesarias. Esta comunicación se efectúa mediante lo que se denomina como *campos de torsión*, una forma de energía que se mueve a velocidades miles de veces superior a la de la luz.

La memoria

¿Por qué insistir tanto en rescatar los procesos dolorosos, existiendo otros mucho más agradables?

La memoria es siempre una trampa para las personas, empeñados en guardar en un archivo de difícil acceso todos los datos que necesitará rescatar alguna vez. Pero **nada de lo que recordamos ahora es igual a lo que fue**. Cuando recordamos una cara familiar, algo de ella es ya diferente, no solamente su aspecto físico; tal vez sea el contexto en el cual la vimos, y éste puede que sea triste hoy y feliz ayer. Por lo tanto, la memoria es un acto de creación y novedad, creando nuevas imágenes que se almacenan en las células que a su vez ya son distintas que las anteriores. Difícil papel tienen los jueces cuando piden a uno de los testigos que narre los hechos vividos hace unos meses. Solamente dirá una visión aproximada de los hechos acaecidos, pues todo en el día de hoy difiere al día anterior.
¿Se han preguntado alguna vez cómo es posible mentir sobre un suceso determinado? Si la información quedó grabada perfectamente en la memoria ¿qué mecanismo se pone en marcha para desvirtuar los hechos y transcribirlos mediante la palabra o la escritura? Obviamente estamos desobedeciendo a alguien interno, o quizá es que se trata de un proceso imaginativo que nos permite visualizar en nuestro interior los nuevos hechos. Al mismo tiempo que los creamos en nuestra mente, somos capaces de expresarlos mediante la palabra, lo que

origina una confusión al disponer de dos datos contradictorios al mismo tiempo. Por eso es fácil detectar la mentira. A la inversa de lo que ocurre con el ordenador, nosotros recordamos, reconsideramos, y cambiamos nuestras mentes utilizando los recursos de la imaginación y el deseo. Aunque el universo fue creado una vez, nosotros lo recreamos al formular cada pensamiento.

La memoria funciona por asociación de ideas, generalmente. Cuanto más esté relacionado un elemento con otros, más fácil será de recordar para nosotros.

Un aspecto a tener en cuenta es que a fuerza de almacenar experiencias negativas, las células cambian su estructura molecular y la energía cuántica que las mantiene vivas se perturba, sin conseguir entrar en sintonía con el resto de células. Esto ocasiona un efecto en cadena que terminará dañando una zona corporal ya debilitada. Así es como, por el mal uso de la memoria, nacen muchas enfermedades psicosomáticas. Al no existir una zona concreta para el almacenamiento de la memoria (tal y como presumiblemente se atribuye al hipocampo y a la corteza cerebral), y al realizarse el proceso en todas las células corporales, **el daño de los pensamientos incorrectos puede abarcar a todo el sistema orgánico**, quien se encarga de "sentir" el pensamiento.

Los sueños

Nada podemos hacer para controlar nuestros sueños oníricos.

A lo largo de la historia, numerosos investigadores, teólogos, místicos y futurólogos, han intentando explicar la razón de los sueños. Freud los consideraba como "residuos diurnos", esto es, los recuerdos que se nos quedan prendidos en la memoria durante el día, aunque pueden desarrollarse incluso algunos días más tarde.   Pensaba que estos residuos aparecían en los sueños la misma noche o la siguiente a haberlos vivido, pero las investigaciones realizadas por Tore Nielsen y su equipo han demostrado que los recuerdos cotidianos pueden mantenerse activos más tiempo. Este efecto del intervalo de los sueños reflejaría el funcionamiento hasta ahora oculto de la memoria que nos sugiere que los recuerdos se trasladan de lugar continuamente, quizá porque deban hacer un sitio para los nuevos.

Las relaciones entre los elementos que generan los sueños parecen absurdas desde el punto de vista de lo que pensamos durante el día y con frecuencia aparecen personas y elementos que ni siquiera hemos visto, o que al menos no recordamos haber visto. Lo cierto es que la imaginación presente en los sueños es extraordinaria y su amplitud tiene mucho que ver con la misma imaginación que esa persona posee en su vida diaria. Aún así, la gran riqueza de elementos presentes en un sueño nos desconcierta. ¿Cómo es posible que en un sueño dado -por ejemplo, la habitación de un hogar que no hemos visto nunca-, existan miles de detalles? Y todos estos detalles están presentes durante todo el sueño, creándose de forma simultánea e inmediatamente. No es posible que aquello que forma el sueño, nuestra propia mente, pueda recrear tal cantidad de elementos y datos, la mayoría desconocidos para el soñante.
La metafísica intenta explicar este desconcertante fenómeno imaginativo especulando que se trata de un viaje astral. Mientras dormimos nuestro cuerpo sutil se desprende del cuerpo físico y realiza lo que se conoce como vuelo o viaje astral, durante el cual la parte etérea logra conectarse con mundos del exterior, posiblemente igualmente oníricos o no ajustables a la realidad conocida. También es posible que la mente sea quien cree el mundo del sueño, a fin de cuentas durante el día también es posible hacerlo mediante la imaginación. Al despertar de una pesadilla, el cuerpo físico se siente mal porque se ha establecido un conflicto entre ambos cuerpos —mental y físico-, y con frecuencia las imágenes deformadas que ha presentado la mente

no entrar dentro de su lógica. **Siempre que la mente crea algo contrario a las leyes físicas, hay un conflicto.**

Hay quien insiste que los sueños son desahogos emocionales en el nivel de la percepción y son caóticos porque están regidos por los deseos conflictivos, pero no pueden explicarnos porqué cuando se viven parecen reales, hasta tal punto que el cuerpo físico siente las mismas sensaciones que en la vigilia. **Incluso circunstancias nunca vividas, como tirarse al vacío o ahogarse en el mar, el cuerpo físico las siente de un modo preciso e inexplicable.** Parece que todo está fuera de nosotros, y que vivimos una experiencia paralela en un mundo creado exclusivamente por nuestra mente. ¿Podría ser posible que viviésemos varias realidades? Indudablemente las sensaciones físicas durante el sueño son reales a este nivel y con frecuencia angustiosas o sexualmente placenteras, siendo un hecho significativo el que no reaccionamos en el sueño del mismo modo que fuera de él. **Ni siquiera somos capaces de construir el sueño según nuestros deseos.** Será agradable o desagradable de un modo imposible de controlar, y en esta falta de control debemos incluir a los demás personajes del sueño, los cuales se comportan de un modo frecuentemente inexplicable y no deseado. Si fuera solamente un proceso mental, deberíamos admitir que en ninguna otra circunstancia la mente está más descontrolada.

Una última conjetura es que durante el sueño la consciencia interna se desconecta totalmente de la externa, lo que ocasiona que los datos acumulados internamente no encuentren el apoyo de la consciencia universal, como un niño desvalido perdido en un supermercado. Desolado, su mente le juega una mala pasada (lo que explicaría las pesadillas), pero basta la presencia de un juguete para que su desventura se transforme en alegría, en un bello sueño.

CAPÍTULO OCHO

La dualidad de la conciencia

Que la realidad exista depende de que nosotros la veamos.

¿Con quién hablamos cuando hablamos con nosotros mismos, cuando nos planteamos una disyuntiva? En ese diálogo del sí y del no, del quiero y no debo, de la decisión de tomar un camino u otro ¿quién es nuestro oponente? ¿Quién nos aporta el otro punto de vista? ¿Quién nos critica cuando a sabiendas hacemos un acto reprobable? Recuerde cuando ha querido tomar una decisión trascendental y se ha puesto a pensar en busca del mejor camino. ¿Con quién hablaban? ¿Realmente cree que en su mente hay dos personas que piensan de modo distinto? Y si eso no es posible ¿quién o qué era esa mente que le razonaba de modo diferente? **No es posible que existan dos mentes distintas en un único organismo, tal y como se habla del consciente y el inconsciente**.
Si la experiencia de vida ha seguido el camino del cuerpo y no han existido dos cuerpos que han tomado distintas alternativas, parece poco razonable creer que tenemos dos mentes opuestas en un solo cuerpo. Así que hay que buscar a nuestro opositor mental en un lugar fuera de nosotros, lo que permitiría explicar la dualidad en el pensamiento, de las diferentes de formas de pensar que podemos tener en unas pocas horas, y del análisis mental que se efectúa cuando intentamos tomar una decisión compleja. Los problemas matemáticos, académicos, no están sujetos al mismo dilema, pues se trata de encontrar una solución a unos datos aprendidos. Realmente es solamente una cuestión organizativa que depende del modo en que el cerebro logre rescatar y relacionar lo que antes había sido grabado en la memoria. No hay, pues, ninguna connotación emocional, ni sensitiva.

Aún con todo, tan difícil resulta asegurar que existen dos personalidades en nuestro interior, como que existe otra mente en el exterior que se comunica con la interna cuando así lo requerimos de un modo consciente. Nos hemos planteado tantas veces una duda en nuestra mente, sin saber la respuesta o el camino correcto, que no nos hemos dado cuenta de que quien nos responde no somos nosotros mismos. Es como si entablásemos un diálogo interno entre dos personas distintas, uno preguntando y decidiendo, y otro respondiendo y aconsejando. Cuando reflexionamos en busca de una solución a un dilema afectivo, o para tomar una decisión de trabajo, allí está inmediatamente ese otro Yo que nos da su propia versión y solución. **"Consultaré con la almohada", se suele decir, pero indudablemente la almohada no responde, pero alguien toma su lugar esa noche para dialogar con nosotros**.

"Lo pensaré y luego te daré una respuesta", es también una frase habitual cuando necesitamos meditar. ¿Pero con quién meditamos en este diálogo interno? Hagamos la prueba ahora mismo y veremos que hay dos personalidades en este diálogo, quizá entre la mente racional y alguien del exterior. Si es así ¿dónde estaba antes de este diálogo?

Cuando nuestra mente racional toma decisiones erróneas y precipitadas, sin dialogar con la mente exterior, poco tiempo después surge eso que denominamos como "la consciencia". Admitimos que esa consciencia nos puede reprochar nuestros actos, aunque nunca antes nos hemos planteado qué es realmente.

Los actos desafortunados encauzados por nuestra mente harán daño a nuestro cuerpo físico, y luego a la propia mente que tomó la decisión, aunque poco después alguien o algo nos tratan de exculpar y nos dice el camino para ello.

Pongamos por ejemplo la decisión de beber alcohol durante una fiesta. Sabemos plenamente las consecuencias posteriores, pero nos damos varias razones para beber. En ese momento nuestro otro yo, la consciencia, ya nos avisa, pero nuestra mente consciente le replica y no le deja hablar, ni que tome otra decisión. El alcohol debe beberse porque nos desinhibe, nos encontramos más sociables y nos entretiene. Horas despúes nuestro cuerpo nos demuestra el error: dolor de cabeza, resaca… Si persistimos en ello, se entabla todos los días una pugna entre ambas mentes, entre la que dice querer beber y la que aconseja no hacerlo. De insistir, al daño físico se unirá el psicológico, pues la mente racional entra en desequilibrio, no solamente por los cambios físicos, sino por las propias confrontaciones con la conciencia.

La solución está en el exterior de nuestro cuerpo físico, en la consciencia universal que nos rodea y que no está condicionada por el tiempo ni por el espacio. Siempre presente a nuestro alrededor, posee la experiencia de toda la evolución, no solamente de la especie humana, sino de todas las especies y organismos que pueblan el universo. Esa consciencia universal se nutre en cada acto de respiración, cuando exhalamos el aire y lo cedemos al exterior, un aire que contiene nuestra esencia vital y que será inhalado a su vez por otras personas y organismos. **Este intercambio entre organismos nos mantiene unidos sutilmente a nivel cuántico**, estableciéndose entre todos una simbiosis perfecta y sin límite en el espacio ni el tiempo. Y así año tras año, siglo tras siglo, pasando al espacio exterior, mientras que de ese espacio nos llegan nuevos datos, nuevas manifestaciones de energía cuántica hasta ahora imposible de medir.

Este YO interno y aquel YO externo no son solamente formas de energía vibratoria que nos permiten formar los pensamientos y los recuerdos, son el lazo de unión entre la materia y la mente, entre nuestros sentimientos, sensaciones y pensamientos. Las sensaciones corporales originadas por nuestros cinco sentidos caminan vía sistema endocrino al sistema nervioso y el cerebro, desde donde se originan los impulsos para modificar nuestras glándulas, segregando hormonas específicas que modificarán nuestra respuesta corporal, pero también nuestros sentimientos. Estos sentimientos a su vez, generan los pensamientos, la forma mediante la cual nos involucramos en la existencia y nos conforma lo que denominamos como nuestra personalidad. La personalidad, por tanto, sería la suma de nuestro código genético, nuestras sensaciones físicas, nuestra integración en la gran consciencia universal y, finalmente, los pensamientos generados por los tres factores anteriores –genética, sensaciones y consciencia-. Al final, serán estos pensamientos lo que determinarán nuestras reacciones visibles y nuestro proceso mental.

Pongamos un ejemplo:

Usted llega al cine, se sienta, y en su mente aún están los recuerdos de cómo llegó, lo que ocurrió ese día y lo que tiene que hacer. Todos esos pensamientos parecen proceder de su interior, pero la película comienza y poco a poco los pensamientos que hasta ahora ocupaban su mente comienzan a desvanecerse, pues la película es ahora su foco de atención. Acaba de bloquear sus pensamientos anteriores, les ha cerrado la puerta que les permitía introducirse en su mente, y solamente deja entrar a lo que ve en la pantalla, precisamente algo que está fuera. Usted solamente volverá a pensar en sus problemas cotidianos si impide que la película entre de nuevo en su mente. Siempre estuvo fuera, pero usted la dejó entrar o la expulsó según sus deseos. Por eso, cuando alguien nos aconseja que no pensemos más en un hecho que nos molesta o duele, intenta que fijemos nuestra atención en otros hechos para que solamente dejemos entrar en nuestra mente aquellos pensamientos que deseamos. **Si en un momento dado, los pensamientos negativos vuelven a nuestra mente, es porque les hemos dejado entrar**; nunca estuvieron en nuestro interior ya que no existe ningún lugar donde se almacenan los pensamientos. Las sensaciones y sentimientos sí se almacenan, pero los pensamientos no.

Controlar los pensamientos

La cuestión es si podríamos tener todo bajo control y conseguir que desarrollemos solamente pensamientos positivos, de utilidad, de felicidad o plenitud; si interesa controlar en primer lugar las reacciones corporales, nuestros sentidos, o las puramente mentales. Nuestra experiencia es que **el cuerpo siempre termina ganando la batalla a la mente**, e incluso a la consciencia universal. Cuando el cuerpo dicta sus razones, sus imposiciones a lo que estamos sintiendo, no hay razonamiento interno que le pueda frenar, y de seguir intentándolo el desequilibrio mental y corporal será un hecho. Así que la cuestión es si podemos controlar nuestras sensaciones físicas mediante el concurso de la consciencia universal. Este es un proceso mucho más fácil de lo que parece.

Para el control de nuestras emociones físicas siempre se han utilizado técnicas físicas diversas, como hacer ejercicio, llevar una vida saludable, relajación corporal, masajes, aromas, plantas medicinales o medicamentos, e incluso la música y la lectura. Todos estos elementos indudablemente contribuyen a mantener a nuestras emociones corporales bajo control, pero su efecto es muy frágil y de poca duración. Basta un pequeño proceso mental súbito, un pensamiento inadecuado, para que todos los meses anteriores no hayan servido para nada. **La mente es capaz de desequilibrar en un minuto a un organismo aparentemente fuerte**.
Hay que buscar otra solución y para ello podemos acudir a la consciencia interna, la que permanece grabada de forma indeleble y en continuo crecimiento en todas nuestras células. Si tiene la experiencia de nuestros antepasados indudablemente debe ser sabia, así que podrá controlar nuestras emociones según nuestros deseos. Debería ser así, pero está condicionada y en cierto modo presa. Los legados que los ancestros nos metieron en el ADN no siempre han debido ser buenos, aunque nos

permitieron nacer y sobrevivir. Demasiadas batallas, demasiada ira, demasiado miedo y demasiado egoísmo han quedado grabados en esos 175.000 años de existencia y evolución. Sería prudente no fiarnos demasiado de esa experiencia y buscar otro consejero más sabio y tranquilo. Además, la propia experiencia acumulada desde el día de nacimiento está plagada igualmente de envidias, rencores, agresividad, mentiras, desamor, peleas y maldad, aunque en ocasiones también han existido actos en consonancia con el orden universal que tienden al equilibrio.

Es por eso que vivimos en una continua dualidad de conciencia, entre los pensamientos de nuestras células y aquellos que nos llegan del exterior y que pertenecen a todos los organismos que pueblan y han poblado el universo. No obstante, y con demasiada frecuencia, será del exterior de donde nos lleguen los pensamientos desequilibradores, aquellos que provocarán una desarmonía cuántica en nuestras células. En estos casos debemos bloquear su entrada hasta nuestra propia consciencia. ¿Cuántas veces no nos hemos dicho que debemos quitarnos esos pensamientos de encima? ¿Qué no debemos dejar entrar pensamientos de dolor o de ira?
Las técnicas de control mental ayudan a controlar nuestra consciencia interna, pero para tener también bajo control a la consciencia universal necesitamos algo más. De conseguirlo, y esto es algo que pretendemos con este libro, habremos alcanzado ese alto grado de iluminación que pocas personas han conseguido, aquellos a quien la metafísica menciona como los maestros ascendidos.

Hay que ser muy prudentes sobre los pensamientos que nos dirigimos a nosotros mismos a lo largo del día. Este monólogo interior, sin que nada le interfiera ni le proporcione otro punto de vista, ejerce una profunda influencia en nuestras vidas y no siempre para bien. Se comporta como una esponja que siempre absorbe la misma agua sucia. **La excesiva benevolencia con nosotros mismos, aquella que nos justifica de todos nuestros**

equivocados actos, termina por hacer que sigamos caminos equivocados una y otra vez. La reconexión con el mundo exterior, con la consciencia universal, acaba siendo bloqueada de manera definitiva y nuestra viciada única opinión nos marca para siempre. Este podría ser el origen de tantas frases como: "Es que todo me sale mal", "No consigo levantar cabeza" o "Parece que me han echado una maldición".

Estas frases, indudablemente sin ser conscientes de ello, están repitiendo continuamente que las cosas van mal, que la vida es aburrida y difícil, que la mayoría de la gente es detestable, que estamos cansados de todo, etc. Antes de un acontecimiento importante, tal como una entrevista para un trabajo o una primera cita, este monólogo interior se acelera, habitualmente en un sentido negativo, revelando algún tipo de preocupación que nunca debería salir pero que se amplifica fuera de toda proporción. En tales situaciones, es obvio que algo está trabajando contra nosotros. Las consecuencias suelen ser más extremas y problemáticas que la situación original: un cantante puede perder la voz en la noche inaugural de un espectáculo, o un actor puede olvidar su parte, o un candidato muy cualificado puede llegar a estar completamente turbado durante una entrevista...

Química de las emociones

Cuando nos contemplamos en un espejo observamos nuestro mundo exterior, así que ¿cómo puede asegurar alguien que se conoce a sí mismo? O peor aún: ¿cómo alguien puede decirnos "te conozco perfectamente"?

Aunque la consciencia es un fenómeno mental que nos conecta con el exterior, en esa pequeña glándula endocrina llamada hipotálamo es donde se fabrican las respuestas emocionales. Recogedor incansable de todas las sensaciones físicas y de la información contenida en el ADN, en su pequeña farmacia interna se crean las neurohormonas, responsables de que las emociones que sentimos diariamente se traduzcan en sentimientos, en nuestro modo de sentir y percibir. Podríamos decir que la química generada es una consecuencia de la rabia, de la felicidad, del sufrimiento, la envidia…, una consecuencia de nuestros pensamientos. Cuando este proceso se desencadena, el cerebro termina descargando una tormenta de impulsos nerviosos que dañan poco a poco las zonas orgánicas más débiles. Si nos acostumbramos a recibir estas emociones, se crearán neuropéptidos a causa de nuestras sensaciones físicas y nuestras células se acostumbrarán a recibir mensajes desafortunados, creando hábitos de pensamiento.

Desconectar los recuerdos

Perdonar es volver a recordar el pasado.

Hay que hacer énfasis en que los recuerdos deben ser considerados a su propio nivel y tienen poco que ver con las palabras en sí mismas. Si los padres de un niño le abandonan en la primera infancia, puede que el niño no sea capaz de describir lo que pasa en términos como: "no me quieren y no quieren estar conmigo", pero el mensaje está ahí como un sentimiento. Su frágil sistema ya no puede reaccionar con normalidad y "ser él mismo". Tiene que desconectarse, enterrar o modificar el sentimiento, con el fin de seguir adelante. La memoria emocional puede contener una gran tristeza y sensación de vacío sin una imagen específica, pero aquí el sentimiento es la imagen. Cuando somos adultos lo denominamos depresión.

Casi todos los hábitos erróneos, como beber o utilizar drogas, hablar agresivamente, comprar compulsivamente, obsesionarse con una cosa u otra, presionar de forma desmesurada a alguien, etc., es un intento de rebajar nuestro nivel de energía, de forma que la consciencia pueda mantener su coherencia, aunque sea una coherencia forzada. Una gran cantidad de estrategias utilizadas en las terapias del comportamiento, como la Gestalt que trabaja con lo obvio, evitando o procurando no preguntar el porqué, sino el para qué; o la PNL que pretende programar la mente para lograr que se comunique eficazmente lo que una persona piensa con lo que hace, utilizan esta conexión de la mente con el cuerpo. Sin embargo, ¿qué pasa con el dolor psicológico? ¿Desaparece? ¿O tan sólo hemos encontrado un remedio temporal para impedir que nos moleste? ¿Podríamos enviarlo al exterior, tal y como hace el sudor, el sistema linfático o la orina?

La decisión de hacer un acto reprobable necesita una justificación para el ejecutante. Esa justificación será primordialmente para uno mismo —lo tuve que hacer, debía hacerlo-, aunque con mucha frecuencia es para los demás, para buscar su aprobación y no la crítica. No hay nada que no "quede más remedio" que hacerlo, sino necesidades que queremos cubrir en ese momento. **Todo acto puede realizarse de otro modo, si encontramos un motivo para ello.**

Utilidad al equilibrio universal

Estamos vivos porque somos útiles.

Debemos admitir que nuestra existencia no es individual, que todos los seres presentes en el universo están interconectados y que, de un modo no siempre claro, nos servimos de soporte unos a otros. La finalidad de la diversidad de especies es simplemente la supervivencia y el equilibrio del conjunto universal. **Estaremos donde estamos mientras seamos útiles a ese equilibrio.** Por eso, cuando un anciano repite reiteradamente que ya no sirve para nada, que lo mejor es morir, la naturaleza le concede su deseo y le aparta, dejando sitio para los nuevos individuos.
Pero no todo es tan aparentemente crudo, pues dentro de esa utilidad esencial, las mismas especies han adquirido un principio de solidaridad, frecuentemente de simbiosis, lo que permite que

nuestro problema pueda provocar el interés de otros elementos vivos, sean humanos o microscópicos, recibiendo ayuda. Este fenómeno existe de manera mucho más clara en nuestro organismo, cuando una parte del cuerpo enferma. **Todo el conjunto de células y órganos se ponen en acción para ayudar al enfermo**, activando, frenando o sustituyendo el trabajo de la zona enferma. De este modo, cuando el deterioro de la zona dañada es muy alto y quizá irreversible, otras zonas corporales suplen su misión en busca del equilibrio general energético. Así, los problemas emocionales no resueltos o que están causando un daño serio, reciben el soporte de todo el conjunto orgánico, razón por la cual ante un deterioro general resultan recomendables las terapias de revitalización inespecífica. Con frecuencia, la ciencia médica cae en el error de tratar de modo insistente las zonas dañadas, por ejemplo, los riñones o el corazón, incluso en aquellos casos en los cuales la enfermedad ya los ha invalidado, lo que solamente conduce a una muerte inminente. Si nos dejáramos de preocupar tanto de las partes afectadas, del problema psicológico que motivó esa depresión intensa, y trabajásemos preferentemente en restablecer y potenciar la energía global del enfermo, el mismo organismo quizá conseguiría restaurar el equilibrio y la salud.

Psicólogos y médicos

Hay una tendencia general a pedir calma, a tranquilizar, como si la vitalidad, el empuje o el dinamismo, fueran actitudes perjudiciales. Los psicólogos intentan tranquilizar a sus pacientes desde la primera sesión y dan pautas, consejos y soluciones para lograr la calma, mientras que el psiquiatra intentará hacerlo cambiando la química del cerebro. Dentro del arsenal de medicamentos empleados para la mente la mayoría son tranquilizantes, apenas si existen los euforizantes. Ambos olvidan que **el organismo humano necesita estar despierto, atento y muy lúcido para conseguir sobrevivir**, y esto es algo que también vemos en el resto de las especies. ¿Alguien conoce un planeta, satélite o estrella que tenga un solo momento de "relax"?

La gran consciencia universal es poderosa y sabia, pero no está sujeta a las leyes de la medicina. Forma parte de millones de partículas vibratorias que están a nuestro alrededor desde que se creó el mundo, pero tan sólidamente unidas y cohesionadas que es capaz de elaborar un pensamiento que entrará en nuestro interior hasta la zona más recóndita de nuestras células. El cerebro, como parte que genera energía mental, capaz de traspasar las fronteras físicas del cuerpo, se comunica sin problemas con esta mente universal, y esto lo hace incluso en las horas de sueño.

Por eso la medicina se ha vuelto tan contradictoria. No creen que una persona pueda sobrevivir a un cáncer, o curarse sola de una enfermedad mortal, y emplea los mismos razonamientos para intentar convencernos de que no hay solución para los casos graves. Pero no es así: **los procesos mentales pueden solucionar más enfermedades que el mejor de los fármacos**, y son gratuitos. Quizá ahí está el problema de su poco uso como terapia de las enfermedades graves. Sin embargo, hay otra causa y es que **la mayor parte de los seres humanos no saben emplear su mente**, quizá porque la potencia de sus pensamientos es demasiado débil para desencadenar los mecanismos apropiados.

En un aspecto más práctico, es seguro que la meditación es lo bastante poderosa para incrementar nuestra capacidad mental, y los diversos estudios científicos han demostrado que la meditación puede, efectivamente, provocar un cambio profundo, mucho más hondo que el de la simple relajación difundida en Occidente, o los tratamientos médicos que pretenden reducir el estrés, la hipertensión y otros trastornos.

Como anteriormente hemos dicho, la meditación profunda se refiere a buscar la conexión con la consciencia colectiva, con el mundo externo. Se trata de deslizarse hacia una nueva vibración, en busca de establecer la resonancia óptima para modificar positivamente nuestros pensamientos. El proceso de trascendencia que consiste en ir más allá de nuestra propia mente, libera los sentimientos y permite existir en libertad. Sencillamente, penetra en un silencio interno, en el cual no existen pensamientos, emociones, tensiones, deseos ni temores. Más adelante, cuando la mente vuelve hacia sí misma, hacia su nivel de conciencia, el mecanismo curativo cuántico se restablece.

CAPÍTULO NUEVE

Sincronía e intención

En el universo no existe la casualidad, sino la causalidad.

El mundo no es realmente como se ve y si reducimos la materia a sus componentes más pequeños, encontramos átomos y partículas subatómicas. Estos trozos de materia vibrando a una velocidad enorme, realmente son paquetes de energía y toda manifestación energética tiene un destinatario y una aplicación o utilidad. Nosotros, los seres humanos, en realidad somos energía vibrando a diversas velocidades y cuando pensamos, nuestro cerebro produce energía y vibraciones. Si a cada acción corresponde una reacción opuesta de igual magnitud, cada vez que generamos un pensamiento, con su particular vibración, producimos una reacción o consecuencia. Debido a la gran cantidad de pensamientos que generamos diariamente, son numerosas las vibraciones que emitimos y las consecuencias que provocamos.

La energía cuántica desarrollada en cada pensamiento posee una información que se extiende a todo nuestro entorno y de manera especial hacia los objetos, personas o situaciones que componen ese pensamiento. De este modo, **nuestros deseos se convierten en paquetes de energía que viajan en pos de un receptor**, justo aquel que tenemos en nuestra mente. Así que lo que llamamos casualidad no es más que la suma de unos acontecimientos anteriores, y nunca una cuestión del azar.

La sincronía

Hay que hacer de la vida un sueño y de un sueño una realidad.

La palabra sincronía proviene de la etimología griega *syn* (con, juntamente, a la vez), y de la mitología griega, *Chronos* o Khronos (tiempo), entendiéndose como un término que se refiere no tanto a la coincidencia en el tiempo, como a la simultaneidad de hechos o fenómenos.

En términos comprensibles, se refiere a la experiencia de dos o más eventos que ocurren de manera significativa, pero que aparentemente no están relacionados de modo causal. Sin embargo, para poder ser sincrónicos los eventos deben de estar interconectados de algún modo entre ellos, mientras que la posibilidad de que ocurran de forma aleatoria debe de ser mínima.

A nivel del pensamiento, es la relación que existe entre las mentes, pero por una correlación entre ideas. Estas ideas, que están estructuradas de manera compleja pero lógica, dan lugar a relaciones que tienen afinidad, aunque de una forma distinta a los principios de causa y efecto. Nosotros las percibimos como simultáneas, lo que significa que ambas ocurren de manera paralela y sin una causa previa.

Los acontecimientos de la vida no son percibidos habitualmente de forma unitaria y sincronizada, salvo cuando el hecho estudiado se analiza, momento en que nos damos cuenta de la serie de eventos que se han tenido que desarrollar para que se materialicen. En la estructura psicológica del ser humano, también se producen los mismos fenómenos coordinados y sincrónicos. Cuando esto ocurre, se desarrolla una acción física.

Un ejemplo muy divulgado es cuando existen en una misma habitación varios relojes de péndulo: a las pocas horas todos oscilan al mismo ritmo. Este orden sincrónico se desencadena en los lugares más inverosímiles: desde las órbitas de los satélites, la periodicidad de las mareas, en los electrones, en el zumbido harmónico de los grillos, así como la tendencia en mujeres que viven cerca o que pasan mucho tiempo juntas, a menstruar aproximadamente al mismo tiempo y efectuar acciones e impulsos similares.

Hasta tal punto la sincronía es un fenómeno real, que los científicos de diversas disciplinas están descubriendo constantemente nuevos ejemplos de ello, demostrándose que la sincronía, como fenómeno, no es sólo posible, es inevitable. En 1989 Strogatz, junto con el matemático Rennie Mirollo de la Universidad de Boston, demostró que cualquier sistema de osciladores acoplados (es decir, entidades capaces de responder cada una a las señales de las demás; sean grillos, electrones o cuerpos celestes) se auto organizarán espontáneamente.

Todo acto cognitivo implica la coordinación, la sincronía, de numerosas regiones neuronales. La coordinación se basa en la formación transitoria de grupos de células nerviosas que son sincronizadas en sus fases, lo que crea la coherencia y la unidad. Todos a una, es una petición habitual que demuestra el fenómeno de la sincronía, tal y como hacen los soldados cuando sincronizan sus relojes para alcanzar un objetivo simultáneamente. Cuando creamos nexos dinámicos, los diferentes acontecimientos que rigen nuestro destino y que darán lugar a un nuevo hecho, confluirán en el momento y lugar adecuado.

Nuestro cuerpo es una fehaciente manifestación de sincronía cada vez que realizamos un movimiento complejo, como saltar un trampolín, tocar un instrumento musical, o conducir un auto de carreras. Y todo ello sin que nuestro cerebro intervenga en algo más que la simple transmisión del pensamiento. Han sido nuestras células las que se han sincronizado entre sí para efectuar la gran magnitud de reacciones químicas, nerviosas, hormonales y circulatorias necesarias para conseguir un resultado.
Sin embargo, **coordinar los pensamientos y los deseos sigue siendo un problema muy difícil de resolver.** Los grupos neuronales no tienen consciencia, sino que es el individuo quien la posee. La consciencia aparece como consecuencia misma de

la vida, regulándose con el cuerpo de la persona y en las relaciones con el mundo.

Sabemos que nuestras mentes son auto-reguladoras y que buscan el equilibrio sincrónico, provisto de mecanismos que operan fuera de nuestro control o conocimiento. Esos conceptos formaron las bases para el psicoanálisis antes de que se divulgara el recomendado por Freud. Con todo, todavía no sabemos cómo se sincronizan los sueños. Demasiada información, demasiados datos y demasiadas emociones, en un momento en la cual todo parece dormido.

No menos importante es cuando analizamos diversos detalles para encontrar una respuesta, por ejemplo: un detective estudiando los datos disponibles que le hagan ver la solución. Hay numerosas coincidencias (volver a incidir) y una vez que las agrupamos la respuesta al enigma debe ser fácil, pero hay que relacionar los datos.

Nuestra vida también está plagada de pequeñas y significativas coincidencias que nos deberían llevar de modo sincronizado a la consecución de una nueva acción, en este caso de suma importancia. **Los hechos trascendentes de nuestra vida solamente son factibles mediante la suma de pequeños detalles**, siendo esta la razón por la cual no todas las personas consiguen importantes cambios en su vida. Cuando nuestra existencia se convierte en una rutina, sin nuevos alicientes y estímulos, sin que deseemos un gran cambio o mejora, no hay posibilidad de que nada extraordinario suceda en nuestras vidas. **No podemos atraer y ni siquiera formar, lo que no ambicionamos.**

Todos los seres vivos estamos inmersos en un universo sincrónico, tanto el que vive en nosotros, como el exterior, en espera de una oportunidad para ser descubierto y sincronizado. No hay seres más predestinados que otros, sino personas que necesitan efectuar grandes logros. Cuando el pensamiento va en este sentido, los acontecimientos comienzan a reunirse en busca de una sincronía, como cuando un compositor elabora una partitura. **El simple deseo, desencadena la unión de los acontecimientos**.

Nuestro futuro oscila entre el deseo, la necesidad y la imaginación, y nuestra participación en los acontecimientos es imperativa, aunque no queramos reconocerlo. Estamos predestinados, pero se puede conculcar nuestro destino si nos dejamos llevar simplemente.

Los acontecimientos encadenados producen efectos que solamente se producirían si todos los eslabones permanecen unidos. Cuando un acontecimiento dramático tiene lugar, parece difícil de explicar que la larga serie de pequeños detalles se hayan desarrollado de ese modo tan preciso. Simplemente con que uno sólo se hubiera interrumpido, nada hubiera sucedido. Un accidente de tráfico mortal es un buen ejemplo: el niño que se soltó de la mano no hubiese cruzado la calle si su madre no viera en un escaparate precisamente el vestido que le gustaba, si una pequeña pelota no estuviera moviéndose sola en la calzada, si el conductor no hubiera oído la llamada del teléfono móvil, si quien le llamó hubiera esperado solamente medio minuto más, si la calzada no estuviera mojada… El niño fue atropellado por unas circunstancias que se han desarrollado de forma sincronizada.

Pero el ser humano es una especie única en muchos aspectos, especialmente porque tiene la facultad de alterar su destino al tener libre albedrío para hacerlo. José Ortega y Gasset lo explicó cuando dijo: *"No somos disparados a la existencia como una bala de fusil cuya trayectoria está absolutamente determinada. Es falso decir que lo que nos determina son las circunstancias. Al contrario, las circunstancias son el dilema ante el cual tenemos que decidirnos. Pero el que decide es nuestro carácter"*.

CAPÍTULO DIEZ

Circunstancias generadas

El pasado se puede cambiar, el presente se puede mejorar y el futuro se puede hacer.

Los actos humanos, para ser moralmente buenos y tener como objeto realizar "cosas buenas" cuyo fin último es el bienestar de las personas, deben ser realizados con "intención buena", esto es, con intención real de contribuir al bienestar. Por eso, para que un acto humano sea moralmente bueno, es necesario que tanto la intención como el efecto sean buenos. Intención y efecto son, por eso, dos principios fundamentales de moralidad. No existiría justificación, por tanto, cuando decimos que nos vimos obligados a comportarnos incorrectamente a causa de "las circunstancias".

Como hemos visto antes en el ejemplo del accidente de automóvil, el ser humano puede modificar en cualquier momento un hecho dramático, simplemente alterando el curso de una sola de la larga serie de circunstancias que deberían producir el accidente. **No somos víctimas de las circunstancias, sino mantenedores de ellas.** Lo fundamental es la intención del acto, aunque el final puede también verse alterado si no vamos modificando nuestros actos según lo imprevisto. Necesitamos una intención, pero también una facultad para adaptarnos a los cambios.

Las circunstancias son, pues, como los accidentes, en parte generadas por nosotros mismos, pero también por la acción de otros, desarrollándose de forma esquemática con el siguiente orden:

1- La intención de quién lo hace, que puede ser largamente meditada o brusca.
2- El modo o manera. Bruscos, sutiles…
3- Los medios empleados. Físicos, verbales, escritos…

4- La duración del acto. Se requiere tiempo para generar un efecto, en ocasiones años.
5- Un lugar. Básicamente, público o privado.
6- Intensidad o cantidad suficiente para ser percibido.
7- La sincronía de una larga serie de circunstancias.
8- Un efecto predecible.

Así que, al margen del sujeto que desencadena el acontecimiento, las circunstancias externas pueden hacer que un hecho predecible se haga bien o mal, pero si no hay intención previa no hay acontecimiento. **Lo que no podrán hacer nunca las circunstancias es que un acto intrínsecamente equivocado se convierta en correcto**. Es decir, por mucho que cambien las circunstancias, lo que es sustancialmente erróneo solamente ocasionará un mal.

El ser humano tiene en las leyes universales el mejor ejemplo de lo que es correcto o no, y su afán por imitar a la naturaleza le ha llevado a ser la especie que mejor ha logrado sobrevivir. Por eso **las mejores leyes humanas son aquellas que tienden a imitar las leyes naturales**, inclusive cuando se elaboran normas relacionadas con la moral. Esto nos lleva a admitir que el universo también tiene su ética y moral, siempre dirigida a la protección de las especies y el orden universal.

La consciencia universal establece que todo lo existente posee un microcosmos y un alma que le une al resto, que posee su propio equilibrio y que para que se mantenga en orden debe interactuar con su entorno. En la medida en que nos centremos alrededor de esa pertenencia a un todo universal logramos el equilibrio interno, permitiéndonos obrar siempre acertadamente. Los acontecimientos y la sincronía, serán favorables para nosotros.

En ocasiones, las circunstancias –más concretamente, los acontecimientos- en las que se halla la persona son tales que ponen muy difícil el cumplimiento de la ley universal de cooperación y las dificultades pueden ser grandes.

¿Quién o qué organiza la serie de acontecimientos? ¿La casualidad? ¿Las circunstancias? ¿Estaba escrito? **El universo simplemente sincroniza los acontecimientos que las personas van creando**. Les da la forma que ellos tienen en su mente, en su intención. Si no están previamente en la mente, nada se desarrollará de ese modo. El universo perfecciona los deseos. Si el hombre, con su libre albedrío, decide romper los eslabones de una cadena aparentemente sólida, el universo (el destino) creará entonces otra situación, seguramente más favorable… o no.

¿Es el cuerpo quien rige las sensaciones y determina los actos a efectuar? ¿Es la mente la que mueve el cuerpo según sus propios deseos y raciocinio? ¿Hay siempre un moderador externo que es quien obliga a tomar una determinación, quizá equivocada?
El alma y la mente entrando en un mismo plano pueden proporcionar respuestas adecuadas, especialmente cuando se conectan con la consciencia universal, la fuente de la sabiduría. El budismo lo llama iluminación, pero los psicólogos hablan de dos hemisferios cerebrales, y los psiquiatras de cambios químicos en el cerebro. Los dos últimos cometen el grave error de seguir creyendo que las emociones se asientan en el cerebro.

Recuerde estas máximas:

Hay que vanagloriarse de ser maduro, no de ser joven
Es mejor ser diferente que igual
Mejor el misterio que el dogmatismo
Mejor lo extraordinario que lo rutinario
Mejor descubrir que memorizar
Mejor cambiar que copiar.

CAPÍTULO ONCE

La intención y el deseo

Si has conseguido ir más lejos, es porque te has aupado en hombros de gigantes.

Cuando te comprometes profundamente con lo que estás haciendo, cuando tus acciones son gratas para ti y, al mismo tiempo, útiles para otros, cuando no te cansas de buscar la satisfacción en tu vida y tu trabajo, estás haciendo aquello para lo que naciste. No hay un solo ser vivo que no tenga una misión y utilidad, y buscar la nuestra para desarrollarla es un impulso tan vital como la propia supervivencia. Esto se debe a que los seres humanos tenemos un sistema celular capaz de tomar conciencia del contenido de energía e información de ese campo energético que genera pensamientos, sentimientos, emociones, deseos, recuerdos, instintos, impulsos y creencias. Al no existir barreras en el campo energético, nuestra conexión con el universo es total e inmediata, pero podemos cambiar conscientemente el contenido de información que da origen a nuestro cuerpo físico, influyendo en el entorno y en las cosas que suceden en él.

En busca de la realización de nuestros deseos primero elaboramos nuestros pensamientos y posteriormente desarrollamos la intención de llevarlos a cabo, por lo que **cualquier cosa que deseemos desencadenará una larga serie de acontecimientos que pueden dar lugar a la consecución del deseo**. La intención genera un campo energético sobre el objeto, persona o elemento deseado, ocasionando una infinidad de sucesos orientados a producir el resultado buscado.

Todo este fenómeno no se produce de forma aleatoria, ni improvisada, y en realidad es un mecanismo de organización mental muy poderoso que, al igual que los actos físicos, produce la energía cuántica necesaria. Cuando pequeños acontecimientos se desencadenan a causa de esta fuente energética, todo se conecta y se correlaciona con todo lo demás. La razón de este extraordinario campo energético es debida a la propia energía disponible en cada célula de nuestro cuerpo. Una vez que los millones de células se ponen en funcionamiento y teniendo en cuenta que cada una de ellas es capaz de realizar cerca de seis billones de funciones por segundo, la energía desarrollada es de una magnitud inmensa. Y todo esto se genera simplemente con la intención consciente. Así que le pedimos que no sueñe por la realización de sus deseos: piense en ellos estando muy despierto. **El futuro siempre se crea en el presente**.

La intención

La voluntad abre las puertas del éxito brillante y feliz, el trabajo franquea estas puertas y al fin de la jornada el éxito llega a coronar los propios esfuerzos.

El tiempo no existiría para nosotros si no hubiera un pensamiento, y tanto el pasado como el futuro nacen en la imaginación, pero **para elaborar el futuro hay que liberarse de la carga del pasado**. La intención actúa como catalizador para la mezcla correcta de materia, energía y alterar nuestra percepción del tiempo. Si tenemos solamente conciencia del momento presente y nos centramos en ello, los obstáculos del futuro nos parecerán insalvables y las oportunidades pasarán por nuestro lado.

La intención promueve la creatividad, y ésta los nuevos logros; pero la intención debe convertirse en un hábito, nunca obsesivo, pero cuando se repite se materializa. Como un herrero que a base de golpear, logra elaborar una espada.

Sólo se conseguirá algo si antes se observa en la mente, pues un escaparate no es nada si nadie lo mira.

Cuando nuestra intención es firme, no nos apartamos de nuestro propósito. Tener una intención focalizada significa mantener nuestra atención en el resultado que perseguimos, con un propósito tan inflexible que impida completamente que cualquier obstáculo consuma o disipe la concentración de nuestra atención.

Es importante eliminar de nuestro pensamiento los obstáculos que nos parecen insalvables, pues actúan como un pensamiento más y **el mecanismo que desencadena los acontecimientos no diferencia entre el deseo y el obstáculo**.

Que el poder de la intención es real se comprueba con los millones de personas que han logrado realizar sus deseos, simplemente por haber mantenido obstinadamente (no obsesivamente) ese deseo durante mucho tiempo. No es necesario comunicarlo a nadie, ya que nadie debe ser el artífice de nuestro sueño. Es más, las personas, por bien intencionadas que sean, suelen constituir un freno al insistir más en los problemas que en las soluciones.

De cualquier modo, estemos predispuestos siempre a admitir el cambio en nuestros deseos, a la sustitución de un logro por otro, a reconocer que el principio cuántico de incertidumbre está también presente en nuestras vidas. Nosotros pensamos en un sueño, pero los detalles los pone el universo.

Ley de Atracción

Todos tenemos un espíritu o un ángel que se ocupa de nosotros, pero debemos creer en él para que nos ayude. ¿Cómo podríamos sintonizar una emisora si ni siquiera encendemos la radio?

Una vez que hemos especificado nuestro sueño, nuestro deseo de vida, debemos delimitar los requisitos para se puedan materializar. El destino empezará entonces la serie de acontecimientos que deberán ir sincronizados para que se puedan lograr. En la medida en que esa serie de acontecimientos se vayan dando, así de cercano estará nuestro deseado final. Algunos hechos se repetirán machaconamente, lo que indica que las circunstancias deberán consolidarse para poder seguir adelante. Pero ¿qué ocurre si no se desencadena ninguno de estos acontecimientos? El sueño, el deseo, es un error y obliga a modificarlo cuanto antes.

También puede ocurrir que no tengamos un deseo de vida concreto, que estemos confusos en nuestras aspiraciones y conozcamos nuestras limitaciones. **Es necesario ser ambiciosos y dejar que el destino nos marque nuestra senda por la cual debemos ir**. Al final estará la sorpresa que estábamos esperando, aquella que llevamos grabada en el alma desde que éramos niños.

De repente hay algo que nos gusta más y otras cosas que ya nos aburren. Nuestra mente siente interés por algo nuevo o recuperamos una afición perdida. Los acontecimientos no son casuales y debemos dejarnos guiar, pero hay ponerse a trabajar. Si intentamos alcanzar nuestro sueño basándonos en alguien concreto, con el deseo de ser como él, para lograr las mismas cosas, fracasaremos. Los arquetipos funcionan una sola vez, pues no hay dos seres iguales en el universo. Crea entonces tu propio arquetipo, algo único que te diferencie. Los sueños de los otros nunca serán los tuyos. Eso no es posible.

El destino es como una semilla: ella es el comienzo de nuestra vida, que una vez plantada su destino es crecer y engendrar nuevas semillas. Si la cuidamos y nadie se interfiere, la existencia se completará; pero los elementos externos como la sequía, la falta de nutrientes, los depredadores o la competencia con otras especies, puede malograr o perjudicar nuestra existencia. **Aunque el destino esté en nuestra contra podemos modificarlo, del mismo modo que el agricultor lucha contra las heladas y las plagas.**

La física cuántica es solamente una explicación científica de los fenómenos ya observados por las personas, como por ejemplo cuando planificamos nuestras futuras vacaciones. Meses antes de que se produzcan ya estamos visualizando situaciones, lugares y hasta las sensaciones que recibiremos bajo los rayos del sol. En nuestra imaginación posiblemente logremos mayores beneficios que cuando vivamos el momento real. Estamos creando la realidad antes incluso de que sea un acontecimiento vivido, lo que permite vivir intensamente los sucesos sin los inconvenientes que pudieran surgir en el futuro. Incluso aunque no los llegásemos a vivir, hasta la última de nuestras células habría sentido ya las mismas sensaciones que si las hubieran vivido realmente. ¿Con cuál de las dos realidades nos quedamos?

Formular un deseo

Querer es una gran cosa porque a la voluntad suelen seguir la acción y el trabajo, y el trabajo va casi siempre acompañado del éxito.

Vamos a realizar la formulación de un deseo:

1. *Formule su deseo del modo más positivo posible*

Para que un deseo llegue a ser realidad, y en especial para impedir que tenga un efecto contrario al que se pretende, debe expresar lo que *va* a obtener, y no lo que *desea* tener.
Por consiguiente, en lugar de decir: "No quiero tener esta úlcera de estómago..." deberá decir: "Mi úlcera está mejorando continuamente". En lugar de decir: "Quiero que me valoren en mi trabajo", "Me están empezando a valorar en mi trabajo" En lugar de decir "Ya no voy a tener preocupaciones financieras...", deberá quitar el "no" y decir: "Mi situación económica comienza a mejorar ahora".
Como hemos visto, la mente puede enviar mensajes incorrectos a esa fuerza que llamamos "El destino". Al no estar preparada para descodificar un mensaje o un deseo, sólo percibe la idea dominante, sea dolor, preocupación o angustia. Si usted dice "No quiere tener problemas económicos", Las palabras "no" y "problemas", constituyen la idea dominante, no el mensaje en sí.

2. La gramática es importante

Hay quien solamente habla del tiempo presente, del ahora. Así que en lugar de decir "Encontraré un buen trabajo...", sugieren que es mejor decir: "Ahora tengo un buen trabajo", aunque no sea cierto. Esto puede conducir, sin embargo, a una negación del problema actual y al conflicto mental que obviamente se desarrollará. Decir que somos millonarios o que tenemos ahora buena salud puede suponer un buen mensaje a nuestras células, pero quizá el destino no lo vea como una necesidad, puesto que aparentemente no hay problema que resolver. Por lo tanto, la utilización del tiempo presente, de vivir el ahora, plantea ciertos problemas.

3. Formule sus deseos de un modo progresivo

No pretenda lograr todo el mismo día. El hacedor del destino quizá no tenga tanta prisa como usted para resolver su vida. Primero resuelva o formule sus necesidades más imperiosas a cubrir, o quizá le sea más interesante pensar en grande, aunque tarde más tiempo en conseguir sus sueños. Puesto a pedir ¿por qué no ser ambiciosos? Si su problema es de peso, puede decir "Estoy adelgazando día a día..." o: "Dentro de muy poco tendré ya mi peso ideal". Si su problema es de relación sentimental: "Estoy siendo cada vez más querido por esa persona y mi relación es muy positiva"

4. Intente que sus deseos sean breves

Hay quien, sin embargo, recomienda no enviar frases concretas y eliminar toda palabra innecesaria, por ejemplo: repetir machaconamente, dinero, amor, felicidad, belleza. La ventaja de estas palabras milagrosas es que son sumamente simples, no implican ninguna contradicción y pueden aplicarse a casi cualquier aspecto de la vida. Puesto que en realidad buscamos el éxito en todas partes, en nuestras relaciones, en nuestras profesiones, etc., la palabra "éxito" puede estar entre las preferidas.

En general, las formulaciones que son demasiado largas causan menos impresión sobre su mente y por consiguiente son menos efectivas.

5. *Utilice palabras claras y directas*

La ambigüedad puede hacer que las cosas no le salgan bien: Por ejemplo: "Quiero saber si debo elegir a Pedro o a Juan". La petición "Me gustaría vivir en Nueva York", tampoco indica un deseo claro, y debería sustituirse por "Voy a vivir en Nueva York".

CAPÍTULO DOCE

LAS ALTERACIONES PSICOLÓGICAS

La psicología cuántica no considera como posible las enfermedades mentales, sino que se trata simplemente de una desarmonía entre el cuerpo y a la mente. Esto lleva a las personas a una interacción desafortunada con la sociedad que les ocasiona, a su vez, un desequilibrio cuántico.

La sociedad dirigente actual, políticos y legisladores, no fomenta la individualidad, el pensamiento diferenciado, pues le resultaría imposible dirigir a millones de personas que pensasen de forma diferente. Por eso trata de considerar como enfermos psíquicos a aquellas personas que intentan vivir con sus propias convicciones y expectativas, sin tener en cuenta a la colectividad. El pensamiento unificado es el ideal de cualquier dirigente, y de esto sabe mucho el antiguo presidente del Partido Comunista Chino, Mao Tse-Tung, quien ha pasado a la historia por su frase: *"Leer demasiados libros es peligroso"*.

Para comprender mejor las alteraciones físicas y energéticas que dan origen a lo que todavía se define erróneamente como "enfermedades mentales", se mide la actividad cerebral mediante las "tomografías" obtenidas conectando electrodos a este órgano, que determinan dónde se produce cada una de las actividades de la mente, sean de origen racional, emocional, espiritual o sentimental. Pero no nos equivoquemos: este aparato mide la consecuencia de los pensamientos, no el pensamiento en sí mismo, ni su procedencia. Por eso **cuando administramos un medicamento no cambiamos los sentimientos, ni las emociones, solamente la acción que estos tienen en la química neuronal**. Es como si alguien estuviera pegando patadas a una puerta y lo que hacemos es reforzar la puerta, en lugar de actuar sobre la persona que golpea.

Los experimentos en neurología han comprobado que cuando vemos un determinado objeto aparece actividad en ciertas partes de nuestro cerebro, pero cuando se pide al sujeto a que cierre los ojos y lo imagine, la actividad cerebral es idéntica, lo que queda explicado porque el cerebro no distingue entre realidad o pensamiento. Quizá sea porque la realidad no existe y todo depende del observador que crea su propia realidad. Así que sería más fácil decir que el cerebro ve como siente, y es nuestro cuerpo físico y sus millones de células los que ven las imágenes, aunque el cerebro las procesa y le otorga una explicación y/o utilidad. Así que podemos concluir que fabricamos nuestra realidad desde la forma en que procesamos nuestras experiencias, es decir, mediante nuestras emociones.

En la primera entrevista con el enfermo, al psicólogo le gustaría saber tanto los hechos relatados del paciente, como su grado de afectación. El problema es que, si el psicólogo cuestiona la racionalidad del relato y desea entresacar las palabras sutiles que le lleven a una conclusión más objetiva de los hechos, el paciente pasa a un segundo plano y pierde el protagonismo que le corresponde. En compensación, si el psicólogo decide abandonar las preguntas para continuar oyendo el discurso, puede que intente no tanto entender como "sentir" al paciente, pero así no conseguirá retener los datos que debe incluir en el informe. La solución estriba en establecer una relación entre el discurso y el sentir al paciente.

El resultado de un terapeuta a la hora de curar tiene que ver mucho con la intención de hacerlo y su eficacia dependerá no solamente de su interés por ayudar, sino de su deseo de ser eficaz porque es su responsabilidad como profesional y recibirá un dinero por ello. Su propia motivación para curar condiciona el resultado y espera a su vez reconocimiento si acierta. Hay pues, en todo acto de curar, dos personas que esperan la curación: el enfermo y el terapeuta. Cuando ambos empatizan se establece la conexión a nivel cuántico de su energía, permitiendo que la fuerza más poderosa del terapeuta entre dentro del campo energético caótico del enfermo. Poco a poco comienza un lento proceso de vibración que ocasionará la adecuada resonancia en el organismo enfermo. La aplicación de remedios naturales contribuirá a facilitar este proceso, al disponer estos de un equilibrio energético igual al del ser humano. Los elementos químicos, por el contrario, tienden a anular las vibraciones, en espera de que el organismo se autoajuste. En ocasiones esto es posible, pero siempre se corre el riesgo de provocar nuevas disonancias en otras partes del cuerpo.

Esto nos lleva a recordar la teoría de que el observador condiciona el fenómeno observado. Cuando un terapeuta escucha a su paciente intenta desde los primeros momentos entender el problema y sus causas, pero lo hace condicionado por su aprendizaje. Debe incluirlo cuanto antes en un grupo o patología para poder continuar. Su propia personalidad, a su vez, le condiciona, del mismo modo que **el enfermo está condicionado por la presencia del psicólogo**. ¿Hablaría igual en solitario, ante un espejo, con su dios, con un amigo o un niño? ¿Cuál de estos diálogos recogería de modo más exacto su problema?

El argot habitual del médico y mucho más su forma de escribir, son un ejemplo claro de la separación elitista que se efectúa en la medicina basada en la química. Se intenta, por todos los medios, que el paciente apenas sepa de su enfermedad, de los resultados analíticos y de los remedios empleados. Como si hablaran a un niño de corto lenguaje y experiencia, le hablan con monosílabos y le dan un papel que necesita ser entendido por un experto, otro médico o un farmacéutico. **La distancia social entre el enfermo y el médico es tan grande, que resulta imposible establecer la conexión cuántica entre ambos**. Es más, parece que intentan deliberadamente no vibrar en el mismo sentido. ¿Cómo es posible que nuestro ADN entienda entonces lo que le están haciendo e intente colaborar? "Deje usted la medicina en manos de los médicos" –nos dicen-. "No, pues es mi cuerpo el que está enfermo, y no el suyo" –podríamos responderles.

Mente enferma, cuerpo enfermo

Durante siglos la voz popular nos aseguró que las emociones partían del corazón, un centro donde residían especialmente las buenas virtudes y que solamente los pensamientos incorrectos podían alterar. Así, se decía que una persona tenía "un corazón de piedra" cuando era insensible al dolor ajeno, o que era persona de "buen corazón" si todos sus actos estaban orientados a la felicidad del prójimo. Estos refranes marcaron a muchas generaciones, delegando en este órgano el origen de las cualidades humanas, de las buenas o las malas. Después llegó la medicina científica para decirnos que nada de esto era cierto, que las emociones, los sentimientos y hasta el comportamiento dependían de la mente racional y del inconsciente. El cuerpo no podía tener esa capacidad para decidir hacer el bien y el mal.

Así nació la psiquiatría moderna, el psicoanálisis y la psicología actual, ciencias que solamente estaban interesadas en el tratamiento de "la mente". Por eso en el tratamiento de los enfermos del corazón nunca se consideró que debía estar presente un psiquiatra.

La medicina cuántica y su apasionante teoría del campo energético, las vibraciones y resonancia, volvieron a demostrar que no era errónea la creencia de que las emociones parten o al menos se albergan en determinadas zonas corporales. De este modo, el corazón volvía a ser el eje de ciertas emociones, especialmente de la alegría y la tristeza. Esto le convierte en un órgano muy especial, ya que puede albergar dos emociones opuestas, lo que no ocurre con ninguna otra parte del cuerpo.

Si esta teoría es cierta, y posiblemente lo sea, nos queda la apasionante posibilidad de que, actuando físicamente sobre determinado órgano, podríamos mejorar las enfermedades psicológicas. O al revés: podríamos curar las enfermedades orgánicas simplemente actuando sobre las emociones que alteran cada órgano.

Vamos a mirar de nuevo las seis emociones básicas y su zona de respuesta orgánica:

Ira *(básica)*
Secundarias: rencor, hostilidad, agresividad, venganza.
Zonas de respuesta orgánica: vesícula biliar, estómago, sistema muscular y articular.

Alegría *(básica)*
Secundarias: euforia, plenitud, gozo, júbilo.
Zonas de respuesta orgánica: pulmones, ojos, corazón.

Asco *(básica)*
Secundarias: repulsa, rechazo, aversión.
Zonas de respuesta orgánica: sistema digestivo, garganta

Tristeza *(básica)*
Secundarias: pesadumbre, depresión, abatimiento.
Zonas de respuesta orgánica: hígado, corazón, sistema linfático.

Sorpresa *(básica)*
Secundarias: asombro, interés, admiración, alerta.
Zonas de respuesta orgánica: suprarrenales, cerebro.

Miedo *(básica)*
Secundarias: temor, angustia, recelo, sospecha.
Zonas de respuesta orgánica: aparato reproductor, riñones, colon.

Aunque hay muchas más emociones, la relación anterior podría ser suficiente para enjuiciar al ser humano. Los psicólogos y psiquiatras no son diferentes al resto de las personas, por lo que el resultado de sus tratamientos puede quedar alterado simplemente por su propia personalidad e inclinaciones. Los enfermos, por tanto, nunca podrían ser curados porque el propio terapeuta determina la personalidad del paciente. De este último punto se deduce que **si la personalidad del terapeuta es opuesta a la de su paciente** (lo que no es improbable), **creará una nueva distorsión en la mente del enfermo, lo que ocasionará nuevas e imprevisibles anormalidades**.

Por ello, hoy en día la ciencia debería plantearse la necesidad de abrir una nueva disciplina científica para abordar de forma específica y en toda su amplitud todo lo relacionado con la consciencia humana. Ya no es posible pensar que la mente humana está inmersa en el cerebro y que los pensamientos no traspasan las barreas físicas de cada persona. Con toda probabilidad, los sentimientos y las emociones, así como la mente racional, ocupan todo el enorme mundo de nuestras células las cuales, a su vez, se comunican e interactúan con el mundo exterior, e incluso con el universo cósmico, habida cuenta de que para el mundo cuántico no existe ni el espacio ni el tiempo.

El potencial curativo

En nuestro interior está la mayor farmacia del mundo.

Desde el punto de vista médico, una enfermedad puede representar una cuerda de guitarra mal afinada, aunque con frecuencia la unión cuerpo-mente no logra afinar la frecuencia vibratoria y necesita una ayuda externa. Esta es la razón por la cual las personas acuden al médico, ya que en los orígenes de la enfermedad el propio cuerpo intenta reajustarse. En algunos casos, la meditación puede ser un instrumento terapéutico poderoso, ya que permite al cuerpo liberarse de su enfermedad, pero no será suficiente. En su ayuda están las plantas medicinales o otros remedios que nos proporciona la naturaleza, entre ellos la alimentación, uno de los pilares de la salud, aunque no el único. La farmacología del cuerpo, al tratarse del resultado de toda nuestra existencia y la evolución del propio ser humano, supone nuestro mejor potencial curativo disponible; pero nadie puede lucrarse con ello, así que esta es la causa de que se desprecien los procesos curativos puramente personales. **Si nos diésemos cuenta de que nuestro futuro cuerpo será la consecuencia de los procesos mentales actuales, intentaríamos cambiarlos ahora mismo**. Ahora apenas ningún político quiere invertir en salud, dedicando ingentes cantidades de dinero al tratamiento de las enfermedades, pidiendo a la población que cuando estén enfermos acudan prestos a un médico que les solucionará, si ello es posible, su larga lista de errores pasados.

En situaciones de caos psicológico, las preguntas y las respuestas van y vienen como olas del mar que no cesan, generando también un caos físico al no encontrar las células el equilibrio que necesitan para desarrollarse y comunicarse entre ellas. Como un hormiguero invadido por el agua, el desorden y la desorientación ocasionan el derrumbe total de la estructura. Y todo eso, simplemente por un pensamiento incorrecto mantenido que impide tomar decisiones sabias y serenas en los momentos difíciles.

La incertidumbre puede alterar una glándula como la tiroides, la cual debe comunicarse continuamente con el cerebro para transmitirle sus necesidades y problemas, pero también lo hace a sus glándulas endocrinas vecinas, y finalmente al cuerpo entero. De mantenerse esta situación tan imprecisa, la velocidad de nuestros pensamientos es más lenta de lo necesario, lo que ocasiona que muchos procesos químicos diarios, muchas transmisiones del sistema nervioso, nunca lleguen a su destino en el momento adecuado. Afortunadamente, ni esta glándula ni ninguna otra dependen del cerebro; creíamos que sí porque resultaba más cómodo, pero lo que ocurre es que lo que consideramos nuestra mente en realidad es un conjunto de elementos, millones, que tienen también la propiedad de comunicarse con el exterior.

Primero curar la mente

No hay pues una sola manera de pensar, sino dos grupos bien diferenciados, el interno y el externo. Esto nos lleva a insistir en que nuestro cuerpo pensante no está limitado a las facultades cerebrales, y que cada parte de nuestro cuerpo sabe perfectamente lo que le sucede a las otras, lo mismo que percibe el dolor o las sensaciones placenteras.

No hay ni un solo campo energético que funcione de forma aislada, ni siquiera con el exterior al cual todos pertenecemos. Por eso, el bienestar de una zona repercute en las demás. Si usted se tumba en el césped un día soleado, y lo hace junto a un ser querido, la sensación corporal de sus cinco sentidos llega a todo su organismo, al hígado, al estómago y a los pulmones. Todos ellos se sienten felices. Esta es la razón para rechazar los medicamentos químicos y las drogas. Creemos que sus efectos secundarios afectan a determinadas zonas y que por eso los podemos controlar, pero el daño es general, aunque unas partes lo acusan más que otras. Además, y esto es algo que apenas percibimos, es que el estado anímico del sanador, del médico, su personalidad y circunstancias personales de ese momento, influyen en nuestra propia salud, hasta tal punto que podemos empeorar simplemente al estar en su presencia, aunque no hable. **Si sus vibraciones cuánticas no están en armonía, su modo de diagnosticar estará igualmente desvirtuado**, sus conclusiones apenas se elaborarán con unos pocos datos, y no conseguirá la adecuada templanza para percibir, para tener eso que en medicina se llama "ojo clínico".

La medicina moderna sigue estando convencida de que la enfermedad es producida por agentes objetivos, pero esto no es así. **Una enfermedad no puede instalarse sin que un receptor la esté aceptando**, y así es como nacen los intentos actuales para comprender nuestro sistema inmunológico. La mente ha creado una medicina interna para garantizar el instinto que nos anima a salvarnos unos a otros y es ese mismo instinto el que nos anima a no culparnos unos a otros por nuestra debilidad.

Renovar nuestra mente

Sabrás que eres capaz, cuando puedas conseguirlo sin ayuda
Sabrás que eres fuerte cuando puedas moverlo sin ayuda
Sabrás que eres viejo cuando no puedas mantenerte erguido
Sabrás que estás enamorado cuando te duela la ausencia.

Tenemos varios billones de células en perenne renovación, aunque habría que hablar mejor de en continua mitosis. Ello quiere decir que cuando se duplican se producen células genéticamente idénticas, con las mismas características y memoria que la anterior. Sin embargo, en este proceso ya existe un pequeño deterioro, un envejecimiento que hace que la célula duplicada no sea exactamente igual, aunque este dato se puede emplear de forma beneficiosa, como veremos más adelante.

Esto es el fundamento del crecimiento, de la reparación tisular, pues aunque las nuevas células son aparentemente iguales, adquirirán otras sensaciones y experiencias que las permitirán evolucionar, cambiar en lugar de envejecer. En oposición a esta evolución celular, existen un 1% por ciento de cada célula que nace ya deteriorado, así que, si consiguiéramos que ese 1% no se deteriorase, o que el 99% dispusiera de una información que las impulsara a la renovación, a revertir el deterioro, podríamos rejuvenecer, cambiar nuestra personalidad o, al menos, mejorar nuestra salud.

Cuando una célula (en realidad el conjunto de células) se duplica, dispone de todo el informe genético de la anterior, asumiendo sus errores, virtudes y experiencias. Si una vez duplicada, la persona modifica sus hábitos mentales y físicos que le llevaron a parte de sus características, la nueva célula comienza un proceso lento de cambio. En ese momento el organismo del cual forma parte puede mejorar o empeorar, dejando nuevas señales y cambios para la próxima mitosis celular.

Igualmente interesante es la posibilidad de hacer recordar a las células de hoy las vivencias de antaño y el estado de salud que tenían, por ejemplo, a los 10 ó 20 años, cuando la plenitud física estaba en su mejor momento y en continua perfección, cuando se vivieron épocas de felicidad. Retrocediendo mentalmente en el tiempo a épocas pretéritas, podríamos introducir datos en nuestras células actuales que se mezclarían con los acumulados hasta entonces, en un intento de que recordasen cómo eran antes, tanto en cuanto a salud, como a su estado psíquico. Cuando el recambio celular tenga lugar, estos datos rescatados del olvido quedarían ya introducidos de forma sólida, comenzando un proceso de cambio mental y físico que daría lugar a una mejora en el estado corporal.

El origen de la enfermedad

Ciertamente, la herencia es un factor determinante en la salud de un individuo; pero no es el único factor. Incluso los problemas genéticos desafortunados a menudo pueden superarse. De hecho, usted puede construir (o reconstruir) su salud, aunque la idea no es tanto curar al cuerpo o la mente, como mejorar su resistencia a las complicaciones de la vida. Cuando busque la energía como factor principal de salud, también conseguirá descubrir una sensación nueva de plenitud física, una sensación que no es simplemente el resultado de una ausencia de enfermedad, sino una afirmación de salud y felicidad. Usted es quien ha conseguido la salud, no el médico y su remedio.

La salud mental no es diferente a la física, pues aunque aparentemente estamos constituidos de materia sólida, cuando observamos un átomo solamente encontramos un campo electromagnético vibrando. En su interior, las partículas flotando e intentando mantener una cohesión con su entorno. Por eso, toda enfermedad, incluidas las puramente mentales, son la consecuencia de una alteración de ese campo electromagnético. Cuando conseguimos estabilizarlo la regeneración celular continúa, pero en caso contrario no se establece ninguna coherencia con el resto de las células, que continúan desequilibrándose. Pierden la comunicación y ello ocasiona los fenómenos físicos inflamatorios y degenerativos. Poco a poco pierden también la memoria de cómo deben actuar y comunicarse, y se pierde la carga electromagnética. Cuando todo está correcto, la célula se comunica con las demás y consigue la información necesaria para realizar su función, además del apoyo de las otras.

Los productos químicos intentan restablecer las consecuencias del desorden celular, supliendo su misión, pero esto solamente ocasiona una mejora en la sintomatología, no el restablecimiento de la adecuada energía electromagnética. Los productos naturales, por el contrario, al disponer de la misma memoria que nuestras células orgánicas, aportan la adecuada información a las células dañadas para que se restablezca el orden cuántico. Además, también ceden elementos químicos para suplir las deficiencias, por lo que se comportan también como los medicamentos tradicionales. Sin embargo, no alteran el orden de las células sanas, contribuyendo a su mayor eficacia.

Para la mayoría de las personas, estar sano es no estar enfermo, y si se sienten mal acuden a centros donde solamente tratan las enfermedades, no la salud. Aunque se denominen "Centros de salud" no son tales, puesto que ninguna persona sana acude a ellos. Además, allí van buscando esencialmente desórdenes físicos, no energéticos, y ni siquiera indagan en los trastornos del pensamiento que dieron origen a su enfermedad física. El psiquiatra, de ser requerido, intentaría solucionarlo mediante medicamentos que cambian la química orgánica, pero que no restablecen el orden energético ni la coherencia celular.

Hay una gran de científicos que ya empiezan a considerar que la mayoría de las enfermedades físicas tienen su origen en un problema emocional, pero realmente deberían hablar solamente de enfermedades mentales –del pensamiento- que se manifiestan también con síntomas físicos. Los investigadores ya nos dan la cifra de que un ochenta por ciento de nuestras enfermedades se originan de este modo, especialmente el asma, las alergias, los problemas cardíacos, de piel y las enfermedades autoinmunes y cancerígenas. Así que **todo comienza en la mente antes de aparecer en el cuerpo**.

Esto es digno de reflexión, pues si podemos ejercer una influencia favorable sobre nuestra mente antes de que una enfermedad se consolide y se haga crónica, e incluso en las primeras manifestaciones estaríamos en condiciones de curarnos. Pero esto requiere desligarse del terapeuta, tomar las riendas de la propia enfermedad y trabajar activamente, aunque no excluye el tratamiento farmacológico. Tal vez demasiado laborioso para una época en la cual la salud es "cosa de los médicos". Pero piense que, si desde ahora usted es sensible a las manifestaciones de su cuerpo y de modo especial cuando surgen dentro de un conflicto emocional, podría detener o al menos hacer algo positivo por su salud.

La mayoría de las enfermedades, salvo las traumáticas, comienzan de modo funcional, esto es, sin lesión anatómica ni perturbación fisiológica, solamente a partir de un conflicto o tensión psicológica. En esos momentos el sistema orgánico intenta adaptarse y corregir el problema, pero para ello debe concentrar su energía en unas zonas y minimizarla en otras. Esto dará origen a manifestaciones psicológicas muy difusas, como tristeza, estrés, cansancio, etc., que no son sino síntomas para llamarnos la atención. Pero el problema es que buscamos una causa, en lugar de ver el síntoma en sí mismo. Justificamos la razón para este estado emocional, y siempre encontramos un motivo o persona causante. De nuevo, creemos que el mal está fuera de nosotros, lo mismo que el remedio.

Indudablemente al comienzo de la enfermedad también hay síntomas físicos y posiblemente cambio en la química y el funcionamiento corporal, signos que un médico puede evaluar, pero solamente referido a las alteraciones físicas. Así funciona la medicina tradicional occidental desde hace siglos. Solamente cuando las alteraciones fisiológicas no son entendidas es cuando se recurre al psiquiatra, experto en manejar la química de las emociones.

Del mismo modo que cuando recibimos una mala noticia, nos despiden del trabajo o perdemos la cartera, nuestro cuerpo en conjunto sufre un pequeño shock y es posible que ese día comience una nueva enfermedad orgánica. **Las emociones mantenidas o reprimidas durante años socavan la resistencia física y ocasionan las enfermedades crónicas o graves**.

La enfermedad originada por el problema psicológico puede ser evitada indudablemente mediante ciertas ayudas, como una vida y alimentación saludable, la toma regular de plantas medicinales, así como mediante técnicas de relajación o autohipnosis. La invasión microbiana, por ejemplo, solamente es posible si el estado emocional de esa persona en el momento del contagio es deficitario. Un sistema defensivo con las células en plenitud y número, dotadas de la alegría de pertenecer a un organismo feliz, suponen un ejército muy eficaz en los primeros momentos de la invasión bacteriana o vírica. En esos momentos, los agentes invasores no poseen todavía el suficiente conocimiento del terreno en el cual se están anidando, ni entienden la capacidad defensiva de ese organismo. Son tan inexpertas que un eficaz sistema defensivo es capaz de neutralizarlas rápidamente. Dar un antibiótico en esos primeros momentos sería un error, pues se destruiría igualmente las defensas orgánicas. **Si la mente sigue perturbada y no se ha adaptado al problema, el cuerpo, guiado por una mente falta de armonía, permitirá la entrada del microorganismo.**

¿Puede una persona perfectamente feliz estar enferma? Quizá deberíamos intentar definir antes qué es la felicidad, pero si entendemos como tal un estado de plenitud emocional, es difícil que encontremos alguna persona que se pueda considerar plenamente feliz. Es por esta razón que la humanidad está condenada a la enfermedad. No obstante, existe multitud de enfermedades que no son tales y que las debemos considerar como simples reajustes, como el dolor muscular que nos obliga a descansar, la acidez estomacal que nos pide un cambio en nuestra dieta, la hipertensión o el exceso de colesterol que son indicativos de una vida tensa, o el insomnio pertinaz que indican que hay asuntos que deben resolverse de otro modo. La enfermedad, en estos casos, no es negativa ni inarmónica.

"Hay que ser positivos" es una frase que se repite con frecuencia en todos los ambientes, especialmente en los cursillos acelerados de PNL o desarrollo emocional. Ésta es una sugerencia que nadie puede rechazar, pero que pocos pueden explicar ni llevarla a cabo. ¿Se trata de ver siempre el lado bueno de las cosas, de aceptar el infortunio sin luchar o de decir que sí a cualquier sugerencia o petición estúpida? El problema es que **no es posible desarrollar una mente armoniosa y "positiva" si nuestras sensaciones corporales no se encuentran a gusto.**

Así que **para curar el cuerpo hay que curar primero la mente,** pero posiblemente lo primero sea más fácil y rápido. No se cambian los pensamientos en pocas horas, a pesar de que las técnicas de Liberación Emocional así lo aseguren. Hay, no obstante, un requisito que deberá poner en marcha si quiere curarse de modo eficaz: debe estar convencido de que se curará. No deje que nada, ni siquiera el análisis más desalentador, le haga perder la seguridad de que mañana estará curado definitivamente. Usted hace su realidad. Si la salud se pierde por un proceso mental, la felicidad y la curación pueden ser entonces posibles. Recuerde que la ley de atracción nos dice que atraeremos que lo que pensemos. **Si piensa en estar enfermo,**

llegará a estar enfermo. La mayoría de las personas acuden con tanta frecuencia al médico que se levantan cada día recreándose en su propia enfermedad. Cuando alguien les habla mencionan su enfermedad, y hasta se niegan a divertirse porque su enfermedad se lo impide. Se juntan con personas igualmente enfermas para hablar de quién está más enfermo, de quién tiene más motivos para ser infeliz. Se comparan con los enfermos, no con los sanos, a quienes envidian, pero no quieren imitar. Su enfermedad llega a ser una razón para vivir, su entretenimiento y principal tema de preocupación. Por eso consideran al médico su mejor amigo y aliado. Los dos hablan de lo mismo: de su enfermedad.

Única opción: la salud

Las personas con vida activa y emocionante mantienen sus facultades mentales a pesar de la edad.

Solemos caer enfermos porque asumimos que es parte de nuestro destino, así que consideramos a la enfermedad como algo inherente con la vida. Si está convencido de ello caerá enfermo una y otra vez. No obstante, el estado normal es la salud. ¿Cree que existe una programación interna para estar enfermo? ¿Es inevitable que nos resfriemos en los meses fríos? Bien, veamos situaciones que pueden ocasionarnos enfermedades, y piense cuál de ellas depende exclusivamente de su forma de pensar:

. Un problema con la vecindad
. Pérdida del empleo
. Incertidumbre sobre su futuro
. Divorcio o ruptura de una relación
. Pérdida de un familiar cercano
. Enfermedad de un ser querido
. Traslado de casa a otra peor
. Una inversión financiera desafortunada

. Gastos imprevistos de gran cuantía
. Soledad
. Insatisfacción global.

Sobre el estrés

Dicen que el estrés nos hace enfermar, especialmente aquel tipo que involucra nuestros pensamientos. Pero **las situaciones de estrés nos permiten dar un salto cuántico hacia nuestra propia mejora y adaptación al medio**. Suponen un medio para nuestra propia evolución. Un recién nacido, por ejemplo, soporta niveles de estrés muy superiores a un adulto. Cobijado en el vientre materno, al abrigo de las inclemencias del tiempo, perfectamente alimentado y protegido del exterior, es empujado bruscamente al exterior a través de un canal más pequeño que su cuerpo. Una vez fuera, manos vigorosas le cogen, le lavan, le limpian los orificios, le pesan y le someten a diversas pruebas que le hacen llorar y le aturden. Al poco tiempo, tendrá hambre y deberá llorar si quiere que le alimenten. Y eso el primer día de su vida. Aun así, logra sobrevivir porque sus niveles de estrés son altísimos.

Aunque todos estamos sometidos diariamente a situaciones estresantes, la niñez es el mejor ejemplo de continuidad en las tensiones emocionales y físicas. Tan grandes son los cambios orgánicos y psicológicos que aguantan diariamente los pequeños, que, si su organismo no dispusiera de un buen mecanismo de adaptación, morirían simplemente al nacer. Mayor situación traumatizante, imposible. Y así cada día en que necesitan pedir con lloros el alimento, las caricias o el baño. Ni un minuto de descanso en su evolución adaptativa, ni un segundo sin estrés. El resultado es un organismo que poco a poco se hace más fuerte, más adaptado a las circunstancias adversas, hasta que alcanza la madurez y la fortaleza que necesitará para vivir.

En el adulto la situación es más suave, pero si no dispusiera de este mecanismo de sobrecarga no habría adaptación ni evolución, y la muerte sería inminente. Solamente cuando la situación conflictiva sobrepasa nuestra capacidad orgánica, es cuando el estrés puede ser dañino. Aun así, pocas son las situaciones que realmente suponen una tensión orgánica insoportable. Si podemos mencionar que "esto es más de lo que puedo soportar", es que no hay peligro y solamente nos estamos refiriendo a una circunstancia que nos incomoda, que no desearíamos estar pasando, pero que no pone en peligro nuestra supervivencia.

La peor solución ante el estrés es la huída, sea física y mental, ya que supone la renuncia a la batalla contra las circunstancias adversas. Es como si en caso de una infección bacteriana, nuestras defensas realizasen una huída para no tener que combatir.

La depresión

La depresión, o mejor dicho, la tristeza continuada, nos hace valorar los momentos de felicidad, salvo que esos momentos los aprovechemos para recordar insistentemente los momentos desgraciados. De este modo nunca saldremos del estado depresivo, ya que recordar las causas de nuestra depresión y hacerlo con todo detalle, reviviendo cada segundo de aquel acontecimiento, nos llevará a la consolidación de la tristeza, nunca a salir de ella. Cuando vemos la labor que realizan los psicólogos, insistiendo en que el enfermo depresivo cuente las razones de su mal, y explicando cómo salir de ella mediante un cambio en su percepción, nos parece una terapia razonable, salvo por un detalle: si el enfermo sigue hablando de su problema, una y otra vez para que el psicólogo vea la evolución de su terapia, está realmente consolidando su enfermedad, aunque aparentemente parezca mejorar. La causa está en que la mente no diferencia entre lo que se desea y lo que se tiene, pues solamente ve un proceso mental que habla de tristeza. Así es que interioriza una y otra vez la misma señal, no encuentra un mecanismo para librarse de ella, y la perpetúa como si utilizara un cincel sobre una estatua. Del mismo modo que la mente no diferencia entre lo que imaginamos y lo que es real, y en ambos casos ocasiona unas sensaciones físicas iguales, **cuando se menciona y se piensa en una enfermedad reiteradamente, la enfermedad termina por consolidarse**.

La ley de la atracción explica de igual modo este fenómeno, mediante el cual los pensamientos ocasionan fenómenos físicos solamente por el hecho de repetirlos, sean beneficiosos o no. De ahí la importancia de ese concepto que hemos denominado como "pensamiento positivo".

La comprensión que la mayor parte de los seres humanos tienen de sí mismos se fundamenta en el pensamiento y el sentimiento; parece bastante natural, pero la mente y el corazón no representan al ser en su conjunto. La idea de la realidad que ha ocasionado la enfermedad depresiva es un concepto importante. Si cambia su percepción cambiará la enfermedad en sí misma.

La naturaleza real de nuestra tristeza suele encontrarse fuera de nuestro alcance porque así lo hemos deseado, presionados por nuestra propia supervivencia. A veces, se nos impone una nueva realidad, y ésta puede cambiar el curso de los acontecimientos. Aparecen nuevas formas en los pensamientos y entonces puede tener lugar una transformación profunda, pero ésta no será en esencia distinta a la que existía anteriormente a la depresión. La solución está nuevamente en cambiar nuestro punto de vista como observadores de los acontecimientos que nos llevaron a la depresión.

Un hecho triste juzgado por varias personas parece distinto: para unos muy deprimente, para otros poco más que un disgusto, y para un tercero el camino seguro para el suicidio. Detrás de ello están las sensaciones físicas que acompañan a la depresión, más intensas incluso que las alteraciones mentales, y a las cuales había que dedicar el interés primario. Cuando el cuerpo deja de sentir tristeza, la mente se reorganiza.

La meditación, denominada como "esfuerzo sin esfuerzo" es un buen soporte, pero debemos realizarla siempre con los ojos abiertos, con los oídos concentrados y con la piel percibiendo el ambiente. Se trata de buscar consuelo en el maravilloso mundo exterior, al mismo tiempo que establecemos las pautas físicas para fortalecer los sentidos. Aprovechando los intervalos de silencio que separan naturalmente cada pensamiento y al igual que las olas en el océano, con flujo y reflujo, nos vamos a un estado de calma que sosiega nuestros sentidos, pero siempre alertas. **Solamente a través de la fortaleza se curan las malas emociones**. Cuando la mente haya alcanzado la conexión con la consciencia universal, nos llegarán simultáneamente tres efectos:

1- La sabiduría del universo dentro de nuestras células que nos hará comprender mejor la solución a nuestros problemas.
2- El sosiego de las sensaciones corporales que nos hacían daño orgánico y perturbaban los pensamientos.
3- Un estado de plenitud espiritual que suplantará al anterior estado depresivo.

Sobre la felicidad

La felicidad es una sensación extraña e incontrolable. Supone una mezcla entre el bienestar corporal, con la activación interna de los mejores mecanismos de autodefensa y adaptación, y la mente que nos aproxima a un estado de éxtasis. Es de corta duración, en ocasiones apenas unos minutos, pero tan intensas son las reacciones que hablamos de estar embriagados. Nos aparta del mundo real, en ocasiones de modo peligroso, y ciertamente nos deja indefensos. Es como si nuestro mecanismo de supervivencia quedara bloqueado, a favor de la plenitud espiritual.

Sin embargo, en ocasiones, un estado de felicidad intenso soluciona rápidamente muchas enfermedades aparentemente sin solución, por lo que recomendaríamos a los médicos que, en primer lugar, consiguieran que sus pacientes se sintieran más felices. **Decirles que su enfermedad es muy grave, que no tiene solución o que la muerte está cercana, es aumentar su mal**. ¿Para qué ser sincero si ello contribuye a una agudización de la enfermedad? Alegando sinceridad, el médico consigue que sus pacientes tengan enfermos el cuerpo y el alma, simultáneamente, y todo ello en los pocos minutos que le lleva hablar con claridad. Un minuto antes el enfermo conservaba sus deseos y esperanzas de curarse, pero desde el momento de la triste noticia pasa a depender exclusivamente de las habilidades del médico para curarse, aunque ahora su mente ya está deprimida y confusa, y así no hay manera de controlar la enfermedad.   La frase "Sea sincero conmigo" que suelen pedir los enfermos, es falsa, ya que lo que en realidad le están pidiendo es que les diga que se van a curar.
Nadie reza para provocar su ruina y tristeza; todo el mundo lo hace con esperanza de mejora.

Lo importante no es el grado de felicidad subjetiva, aquella que está definida por el arquetipo de persona feliz, la que se supone que debemos tener para vivir con satisfacción. Tampoco debe ser aquella que nos proporcionan las cosas o circunstancias que otras personas aparentemente felices tienen. La felicidad tampoco es demostrable con los hechos, ni con palabras de "estoy satisfecho", "tengo lo que deseo", ni "me siento querido y feliz". Este abuso en el YO, es la mejor manifestación de la no felicidad real.
La felicidad tiene cierto parecido con el amor: se siente o no se siente; no se puede conseguir, ni racionalizar. Está por encima de nuestras elucubraciones mentales. Se trata de un proceso mental mezcla de sensaciones y sentimientos que se escapan de nuestro control. **No se es feliz porque uno necesita serlo, sino porque se es**.

Estas conclusiones podrían ser descorazonadoras para las personas que se manifiestan infelices, pues parece que deja poco espacio para el control de las emociones placenteras. Si todo depende de circunstancias sutiles ¿qué podemos hacer entonces para ser felices? La clave estaría en dos posibilidades: cambiar nuestras sensaciones corporales (las que determinan el equilibrio orgánico) mediante una vida saludable, plantas medicinales y nutrientes adecuados. Una vez que el cuerpo está en armonía vibratoria, las sensaciones deberían ser placenteras.

El segundo requisito sería una adecuada adaptación a las circunstancias. No se trataría entonces de la búsqueda de acontecimientos, lugares o personas con las cuales podríamos ser felices, sino de ser felices con lo que tenemos y no sufrir por aquello que no tenemos. El desapego material en el cual está basado el budismo, y la no dependencia psicológica hacia las personas, serían los dos requisitos imprescindibles. **La mente centrada en el disfrute del momento presente, no recordar los momentos pasados infelices, y proyectar la mente hacia un futuro óptimo, serían los requisitos puramente mentales**.

No intente encontrar la felicidad en un fármaco, aunque deberíamos decir mejor que **no intente comprar la felicidad en una farmacia**. Si usted cree que con los 15 euros que le costará un envase de *prozac* conseguirá en pocos días la felicidad perdida, indudablemente es un ingenuo. También lo será si acude a un psicólogo en busca de la autoestima perdida, en la creencia que mediante el pago de 10 ó 15 terapias psicológicas conseguirá salir con el papel de diplomado en autoestima. Nunca como hasta ahora las personas quisieron comprar su bienestar mediante el pago de bienes materiales. Indudablemente la publicidad ha conseguido manipular las mentes de las personas débiles, haciéndoles creer que el dinero puede comprar todo, hasta los sentimientos y las sensaciones. Regale a una mujer un anillo de diamantes y verá de qué le estamos hablando, o acuda a una clínica de estética para que le reparen ese rostro que no le gusta.

Cuidado con la búsqueda compulsiva de la felicidad. Nuestros mecanismos de autodefensa y reparación pueden quedar mermados y perder así la capacidad de adaptación a las circunstancias adversas. Frecuentemente necesitamos el estrés, nuevos retos para sobrevivir. La aceptación resignada del devenir, es una señal a nuestras células para que dejen de renovarse con eficacia.

Conciencia y envejecimiento

Si nos consideramos viejos, ya lo somos.

Los estudios de Robert Keith Wallace sobre el envejecimiento son un ejemplo claro para comprender la vejez. La idea, basada en las enseñanzas de Maharishi Mahesh Yogi, era emplear la Meditación Trascendental como método para la felicidad y la longevidad. Su mensaje era tan fresco como era universal, y enseñaba que el propósito de la vida es la expansión de la felicidad, y que todo ser humano sin esfuerzo puede desarrollar todo su potencial infinito.

El saber científico actual, sin embargo, no utiliza este ni otros métodos similares, aunque considera que el envejecimiento es un proceso complejo y mal entendido. La gerontología, el estudio del envejecimiento, se ha convertido en una especialización desde los años cincuenta. En aquel entonces, los descubrimientos sobre el ADN permitieron imaginarse la existencia de ciertos genes específicos del envejecimiento (hasta hoy no se ha descubierto ninguno, aunque sebemos que algunos mecanismos del envejecimiento están codificados genéticamente en animales inferiores). Hoy, la gerontología ha adquirido una buena reputación y está invadida de teorías contradictorias, sustentadas por enormes bancos de datos elaborados que tratan de predecir cómo será el envejecimiento de la población.

Este intenso esfuerzo de investigación no ha permitido al hombre envejecer más despacio. La única novedad ha sido demostrar que las personas con buena salud no viven un declive automático al envejecer, y ésta es una afirmación de sentido común que jamás ha ignorado la Humanidad. La gerontología ha dado algunas aplicaciones de gran valor cuando estableció, por ejemplo, que muchos síntomas de la senilidad eran reversibles. **No son señales de una degeneración del cerebro sino subproductos de una mala alimentación, de la soledad, de la deshidratación y de otros factores ligados al entorno de la persona.**

La gerontología avanza por etapas lentas, estableciendo relaciones tenues entre teorías que son, ante todo, conjeturas. Cuando se incita al público a cambiar de régimen alimenticio, a hacer deporte inteligentemente y a prevenir la enfermedad, la gerontología entra a formar parte del mundo de la medicina.
Los trabajos de Wallace, sin embargo, partían de la hipótesis que los seres humanos no envejecen órgano tras órgano, sino en su conjunto. Consecuentemente, el envejecimiento puede ser una opción a elegir. Si las personas mayores pueden conservar sus facultades mentales intactas empleándolas continuamente, la práctica de la meditación, que abre nuevos resortes de la mente, debería obtener resultados aún mejores. El descubrimiento fundamental de Wallace era que **las personas que practicaban la meditación desde hacía tiempo veían su edad biológica disminuir entre 5 y 12 años.** También encontró que las alternativas mentales, más que las físicas, elevaban los niveles de la hormona llamada DHEA (dehidro-epiadrosterona), de origen suprarrenal, lo cual hace pensar en que administrando esa hormona se puede retrasar el envejecimiento y, tal vez, inhibir la aparición y el desarrollo del cáncer.

Estos trabajos sugieren que el envejecimiento es controlado por la consciencia. **Cuando mantenemos un pensamiento confuso y superficial, airado, enfocado al odio y el resentimiento,**

aceleramos el proceso de envejecimiento de nuestras células. En cambio, si nos concentramos en lo trascendente, la actividad mental cesa y con esta interrupción también cesa la actividad celular que ocasiona el deterioro. Si nos programamos a nosotros mismos para entrar en fase de declive, cosa que han venido haciendo las generaciones anteriores, este proceso se convierte en la realidad. Una actitud positiva, la vivacidad mental, la voluntad de vivir y otros rasgos psicológicos pueden suavizar la vejez. Ayudan, más que lo hacen los servicios estatales de ayuda al anciano, a romper el condicionamiento social rígido en el que las personas mayores suelen verse atrapadas.

Visualice su vejez ahora que puede

Recordar el año de nacimiento no hace a nadie viejo.

Pensemos por un momento en cómo nos gustaría estar físicamente dentro de unos años, visión que debe ir acompañada del adecuado ejercicio físico, respiración y dieta saludable. Esa imagen la mantenemos sólida en nuestros pensamientos día tras día, como emitiendo un mensaje –una señal- hacia las partes de nuestro cuerpo que queramos mejorar. El proceso que se establece le podríamos denominar como visualización, pero hay que explicarlo de un modo más racional.
Nosotros estamos enviando durante los meses que hemos establecido para el cambio mensajes continuados a nuestras células, no solamente a las células que teníamos al comienzo, sino a aquellas que se han generado por el procedimiento habitual de mitosis celular. Estas nuevas células son iguales que las otras, las viejas, y guardan toda la información anterior, pero disponen de algo nuevo que nos permitirá conseguir nuestro resultado apetecido: tiene una larga vida de semanas e incluso meses. El proceso mental que hemos realizado les ha indicado que deben mejorar y ese mensaje lo llevaba grabado la anterior célula y, por tanto, ha sido copiado en la nueva. Todo está

dispuesto biológicamente para el cambio, siendo el RNA quien se encargará de enviar este mensaje. Este hecho y los cambios necesarios que hemos realizado en nuestra vida (alimentación, ejercicio y respiración), además del propio proceso mental, darán como resultado unas células mucho más eficaces que las anteriores, y así durante meses o años.

No gestione su decrepitud

Es más interesante la mente que el aspecto exterior, pero hay personas que cuando deciden cambiar de vida lo hacen, esencialmente, en su aspecto externo y forma de divertirse.

Lo que hace la vida insoportable es sentir que somos presos de nuestro cuerpo, que no podemos tener control sobre él. Claude Bernand, un buen fisiólogo, dijo: "Nuestra libertad depende de nuestro equilibrio interno." Pero hay un aspecto que se considera erróneamente para lograr este equilibrio interno: y es que no necesitamos estar relajados y aislados de problemas para estar sanos. Más bien, hay que admitir que necesitamos los problemas para que el proceso de adaptación se realice continuamente. Por eso **muchos jubilados, una vez pasada la pequeña euforia inicial, comienzan a padecer multitud de enfermedades y ya solamente hablan de su vejez y futura muerte**. Si alguien corriera una maratón sin que su tensión, ritmo cardíaco, metabolismo de glucosa y transpiración se elevaran por encima de la "normal", se derrumbaría. **En la vejez, más que en ninguna otra etapa, necesitamos nuevos estímulos, nuevas aficiones y nuevos retos.**

La Ley de la Atracción es básicamente una proyección mental hacia el futuro, hacia el mañana. Para que algo ocurra después, ahora debemos ponernos en marcha, y esto comienza por un proceso mental. Lo importante es el deseo de cambio, de superación, los anhelos no cuestionables, del mismo modo que no es cuestionable que una semilla de jazmín se transforme en una rosa solamente por un capricho. El sol no necesita pedir permiso al Universo para seguir generando energía cada día. Eso no es cuestionable. **Si duda de que sus deseos se cumplirán, no los conseguirá**.

Nunca en el universo retrocede a una situación anterior, sino que cambia. ¿Por qué empeñarse entonces en hablar de los años jóvenes? Si puede recuperar el esplendor de entonces, adelante; en caso contrario utilice los recuerdos como un estímulo, no como frustración de lo que fue y ya no puede ser. El pasado no nos debe servir de experiencia y ni siquiera de escarmiento, pues el mundo del ayer no existe, ni en la más pequeña molécula. ¿Por qué utilizar algo anterior como referencia, si cuando hacemos esta reflexión ya no somos los mismos?